WIEN SPEZIELL
Architektur und Malerei um 1900

In gleicher Ausstattung sind folgende Publikationen erschienen bzw. in Vorbereitung:
WIEN SPEZIELL – Musik um 1900 (erschienen)
WIEN SPEZIELL – Literatur um 1900
MÜNCHEN SPEZIELL – Architektur und Malerei um 1900
WIEN SPEZIELL – Musik der Klassik (erschienen)

Von diesem Werk wurde im Oktober 1983 eine erste Auflage von 6000, im Oktober 1984 eine zweite von 3000 und im Juli 1985 eine dritte von 3000 Exemplaren hergestellt.

Die graphische Gestaltung und der Entwurf des Schutzumschlags (unter Verwendung der WW-Postkarte Nr. 405 von Josef Diveky, „Kirche am Steinhof") stammen von Christian Brandstätter und Christian M. Nebehay.
Die lektoratsmäßige Betreuung erfolgte durch Günter Treffer und Christine Wessely, die technische durch Franz Hanns.

Das Buch wurde beim Wiener Verlag in Himberg gedruckt und gebunden. Die Reproduktion der Abbildungen erfolgte bei Reproform in Wien, gesetzt wurde in der Palatino-Antiqua, 10 auf 10 Punkt, bei typostudio in Wien.

ISBN 3-85447-021-5

Christian Brandstätter Verlag & Edition Gesellschaft m.b.H. & Co KG
A-1080 Wien, Wickenburggasse 26, Tel. (0 22 2) 48 38 14–15

Christian M. Nebehay

WIEN

SPEZIELL

Architektur und Malerei um 1900

Wo finde ich

WAGNER OLBRICH
KLIMT SCHIELE
MOSER LOOS
HOFFMANN KOKOSCHKA

Leben und Werk · Gedenk- und Wirkungsstätten
Museen und Sammlungen in Wien

Mit 310 Abbildungen, davon 72 in Farbe

Mit 62 Plänen nach Ideen des Autors
gezeichnet von Irmgard Grillmayer

Verlag Christian Brandstätter · Wien

WIEN · INNENSTADT-PLAN

LEGENDE

1 Postsparkasse (O. Wagner)
2 Hochschule für angewandte Kunst [früher Kunstgewerbeschule]
3 Minervabrunnen (F. Laufberger)
4 Museum für angewandte Kunst
5 [Zedlitzhalle (Kokoschka, Schiele)]
6 [Gartenbaugesellschaft (Secession)]
7 U-Bahn-Station Stadtpark (O. Wagner)
8 Konzerthaus [Kunstschau]
9 Jugoslawische Botschaft (O. Wagner)
10 Österr. Galerie des 19. Jahrhunderts
11 Museum des 20. Jahrhunderts
12 Zentralfriedhof (Peter Altenberg, A. Loos)
13 [Salon Pisko (Egon Schiele)]
14 [Galerie Arnot (Egon Schiele)]
15 Historisches Museum
16 [Wohnung Adolf Loos]
17 Stadtbahnpavillons (O. Wagner)
18 Kaffee Museum (Adolf Loos)
19 Akademie der bildenden Künste
20 O.-Wagner-Denkmal (J. Hoffmann)
21 Secession
22 [Casa Piccola, Salon Flöge]
23 Kunsthistorisches Museum
24 Albertina
25 [Theatermuseum, im Aufbau]
26 Österr. Nationalbibliothek
27 Theseustempel [Projekt J. Hoffmann]
28 Burgtheater
29 Stadiongasse 10 (O. Wagner)
30 Rathaus, Stadtbibliothek
31 Universität
32 Universitätsstr. 12 (O. Wagner)
33 Niederösterr. Landesmuseum
34 Loos-Haus
35 Buchhandlung Manz (A. Loos)
36 Parfümerie Ruttner (A. Loos)
37 Schneider Leschka (A. Loos)
38 Schneider Kniže (A. Loos)
39 Haus ‚Der Anker' (O. Wagner)
40 Bonbons Altmann (J. Hoffmann)
41 Ankeruhr (F. Matsch)
42 Schützenhaus (O. Wagner)
43 ‚American Bar' (A. Loos)
44 Lobmeyr (Gläser J. Hoffmann, A. Loos)
45 [Kabarett Fledermaus]
46 Palais Esterházy [Wiener Werkstätte]
47 Museum moderner Kunst (Palais Liechtenstein)

[. . .] = nicht erhalten

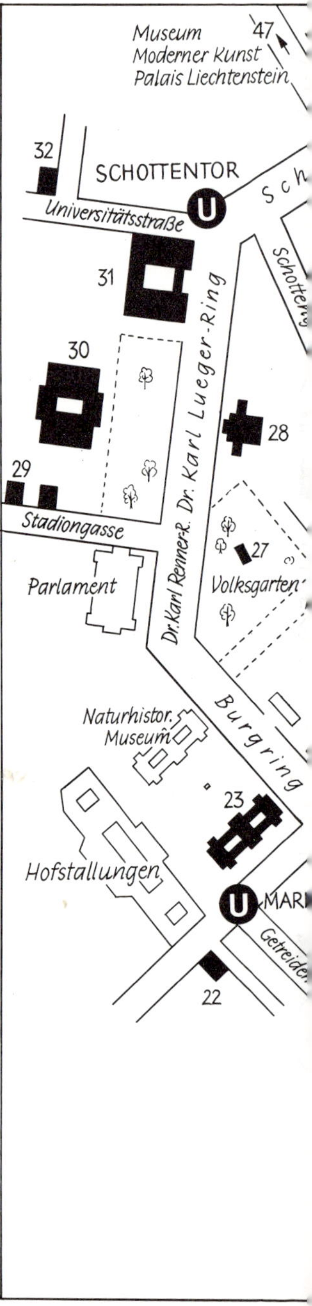

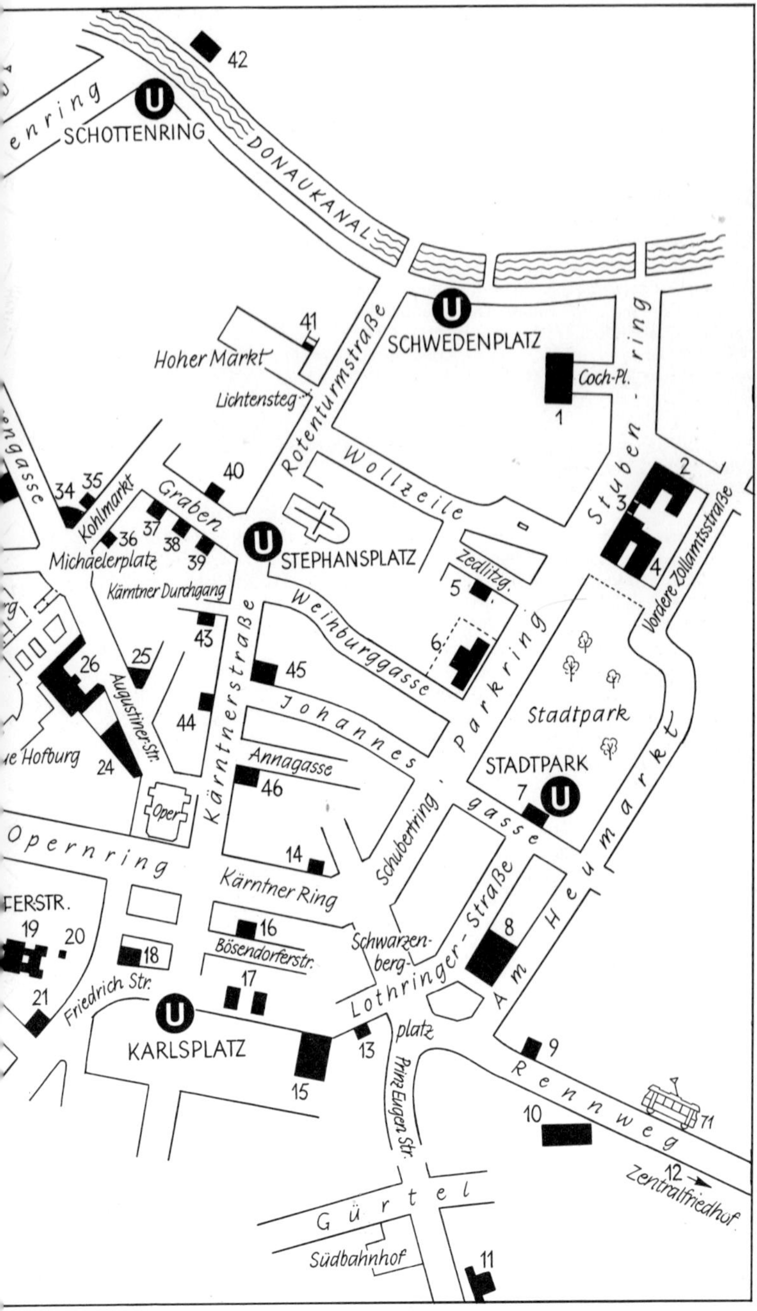
42
SCHOTTENRING
DONAUKANAL
SCHWEDENPLATZ
Coch-Pl.
1
41
Hoher Markt
Lichtensteg
Rotenturmstraße
Stuben-ring
2
3
4
Vordere Zollamtsstraße
Wollzeile
40
34
35
Kohlmarkt
Graben
36
37
38
39
Michaelerplatz
STEPHANSPLATZ
Zedlitzg.
5
Kärntner Durchgang
43
Weihburggasse
6
Parkring
Stadtpark
25
26
Augustiner-Str.
45
Kärntnerstraße
Johannes
gasse
44
Hofburg
24
Annagasse
46
STADTPARK
7
Heumarkt
Oper
Opernring
Schubertring
14
Kärntner Ring
Lothringer-Straße
8
Am Heumarkt
FER-STR.
19
20
16
Bösendorferstr.
Schwarzenberg-platz
18
17
21
Friedrich Str.
KARLSPLATZ
13
9
15
Prinz-Eugen-Str.
Rennweg
10
71
12
Zentralfriedhof
Gürtel
Südbahnhof
11

BILDNACHWEIS

Verlag und Autor danken besonders Herrn Ing. Norbert Gradisch, Wien, für die Reproduktionsgenehmigung von Werken von Egon Schiele, dem Verlag Welz, Salzburg, für Gustav Klimt und Cosmopress, Genf, für Oskar Kokoschka. Weiters sei allen Museen, Sammlungen, Bibliotheken und Archiven in Wien, Graz, Linz etc. und allen Privatpersonen, die zum Zustandekommen dieses Werkes beigetragen haben, herzlich gedankt.

Akademie für bildende Kunst, Wien S. VII/23; Graphische Sammlung Albertina, Wien S. II/5, II/11 r. o., II/13 u., II/17, II/22 o.; Egon Schiele-Archiv, Graphische Sammlung Albertina, Wien S. II/4 u., II/6 o., II/11 u., II/13 o., II/14 u., II/19 o.; Adolf Loos-Archiv, Graphische Sammlung Albertina, Wien S. VIII/4, VIII/5, VIII/8, VIII/9, VIII/18 r. o., VIII/19, VIII/21; Herbert Asenbaum, Wien S. V/9 r. u.; Bildarchiv der Österreichischen Nationalbibliothek, Wien S. I/8 o., III/17 u., III/19 u., V/9 o., V/10; Bildarchiv Christian Brandstätter Verlag & Edition, Wien S. I/7 o., I/16, I/18 o., I/19 o., I/20, I/22 o., II/1, II/16 o., III/7 u., III/8, III/9, III/10, III/12, III/16 o., III/23, IV/1, IV/3, IV/4, IV/5, IV/6, IV/7, IV/11, IV/13, IV/15, IV/16, IV/17, IV/18, IV/19, IV/20, IV/21, IV/22, IV/23, V/1, V/3, V/4 o., V/5, V/6, V/7, V/8, V/11, VI/1, VI/2 o., VI/4 u., VI/6, VI/10, VII/6 o., VII/7, VII/8, VII/9, VII/13, VII/14, VII/15, VII/24, VIII/1, VIII/6 u., VIII/7, VIII/10, VIII/11 u., VIII/13, VIII/14 l. o., VIII/18 l. o., VIII/23 r. o.; Sammlung Christian Brandstätter, Wien S. I/1, I/7 u., I/9, II/15 u., III/7 o., IV/8 o., VI/5, VI/7, VII/3 o., VII/11 u., VIII/12; Walter und Marianne Feilchenfeldt, Zürich S. III/17 o., III/18 u.; Photo Johanna Fiegl, Wien S. VII/5, VII/6 u., VII/16, VII/17, VII/18, VII/19, VIII/18 u., VIII/20; Photo Gerlach, Wien S. VIII/22 o., VIII/14 u., VIII/16, VIII/22 o.; Historisches Museum der Stadt Wien S. II/7 u., II/9 u., II/12 M., II/12 u., II/16 u., II/20 o., III/11 l. o.; Photo Franz Hubmann, Wien S. VIII/14 r. o.; Julius Hummel, Wien S. III/11 r. o.; Kniže, Wien S. VIII/15; Oskar Kokoschka-Dokumentation, Pöchlarn S. III/1, III/4, III/5, III/6, III/13, III/16 u., III/22; Kunstmuseum, Basel (Foto Erich Lessing) S. III/19 o.; J. & L. Lobmeyr, Wien S. VIII/22 u.; Nationalgalerie, Berlin S. III/15; Archiv Professor Christian M. Nebehay, Wien S. I/2, I/3, I/4, I/5, I/6, I/8 u., I/10 o., I/11 r., I/12, I/13, I/14, I/17, I/21, I/22 u., I/23, II/3, II/8 o., II/9 o., II/12 o., II/15 o., II/18 o., II/23 u., III/11 u., III/21, IV/10, IV/14, VI/2 u., VI/3, VI/4 o., VI/9, VI/11, VI/12, VII/1, VII/2, VII/3 u., VII/4; Neue Galerie, Graz (Foto Fürböck, Graz) S. II/6 u., II/11 l. o.; Neue Galerie der Stadt Linz S. II/10 u., III/14 u.; Niederösterreichisches Landesmuseum, Wien S. II/19 u.; Österreichische Galerie, Wien (Foto Otto, Wien) S. II/7 M., II/18 u., II/21 u., II/22 u.; Österreichisches Museum für angewandte Kunst, Wien S. V/9 l. u., VI/8, VII/10, VII/12, VII/21 o.; Burkhard Rukschcio, Wien S. VIII/4 o., VIII/8 l. o. und r. u.; Archiv Werner J. Schweiger, Wien (Foto Wolfgang Lampert, Wien) S. II/7 o., II/8 u., II/14 o., II/23 o., III/3, III/24, VII/11 o.; Verlag – Galerie Welz, Salzburg S. I/10 u., I/11 l., I/15, I/18 u., I/19, III/14 o., III/18 o., III/20; Photo Ingo Wessely, Wien S. IV/8 u., IV/12, V/4 u., VII/20, VII/21 u., VII/22 u., VIII/6 o., VIII/11 o., VIII/17, VIII/23 l. o., VIII/23 u.; Wiener Stadt- und Landesbibliothek S. II/10 o.

Wien speziell – Architektur und Malerei um 1900 versteht sich als ein Führer, der das Auffinden von Bauten und Kunstwerken aus dieser Zeit erleichtern soll und auf manches hinweist, das zu Unrecht übersehen wird. Denn wir stehen vor einer Wende der Wertungen. Was noch bis vor nicht allzu langer Zeit belächelt und abgetan wurde, ist heute Gegenstand der Bewunderung. Das gilt nicht allein für Wien, sondern beispielsweise auch für Schottland, wo man – ähnlich verspätet – den Werken eines Mackintosh nachzugehen beginnt. Und damit sind wir schon beim vielleicht Wichtigsten: Denn es war unzweifelhaft Wien, das wie ein Magnet namhafte Vertreter der Moderne in der bildenden Kunst Europas anzog, die ihre Werke in der „Secession" ausstellten. Die einheimischen Künstler gewannen dabei befruchtende Anregungen, die sie in eine für Wien typische Stilrichtung umsetzten. Der „Wiener Kunstfrühling" (1898–1905) jener Jahre ist weit bedeutender, als man bisher angenommen hat.
Was wir in unserem Führer zeigen, ist natürlich nur ein Ausschnitt des kunsthistorisch Wichtigen und vor allem: Zugänglichen. Vollständigkeit konnte nicht angestrebt werden, aber Hinweise auf die wichtigste Literatur werden dem weiterhelfen, der sich eingehender informieren will.
Das Buch besteht aus acht in sich abgeschlossenen Teilen, die den einzelnen Künstlern gewidmet sind. Zahlreiche Situationspläne sollen das Erreichen der beschriebenen Bauten und Kunstwerke, vor allem mit öffentlichen Verkehrsmitteln (U-Bahn) erleichtern. Es ist zwar einfach, auf einem Rundgang durch die Innere Stadt aufzufinden und kennenzulernen, was vom Werk des Architekten Adolf Loos erhalten geblieben ist. Aber schon bei Otto Wagner wird es schwieriger, erfordert mehr Zeit und wohl auch etwas Unternehmungsgeist, will man seine Bauten entlang des Donaukanals, seine „Stadtbahn-Bauten" oder gar seine bemerkenswerten Villen in Hütteldorf kennenlernen. Welcher Wiener, geschweige Wien-Besucher, hat je das unscheinbare, aber typische Gebäude Olbrichs in der Rustenschacher Allee aufgesucht, das 1898 als „Clubhaus des Radfahrervereines der Staats- und Hofbeamten" erbaut wurde und heute Sitz eines Tennisclubs ist? Und wer denkt schon daran, wenn er die prunkvolle Decke Ferstels im Festsaal der Universität mit dem Mittelbild von F. Matsch betrachtet, daß hier ursprünglich Klimts berühmte „Fakultätsbilder", die nach 1945 zugrundegegangen sind, angebracht hätten werden sollen.
Die Museen in Wien schließen beinahe alle schon um 16 Uhr. So bleibt dem Besucher der Stadt anschließend noch Zeit für mannigfache Rundgänge und -fahrten, zu denen dieser Führer einlädt.

Professor Christian M. Nebehay

GUSTAV
KLIMT

GUSTAV KLIMT
1862–1918

Der Maler Gustav Klimt wurde am 16. Juli 1862 in Wien als zweites Kind des Graveurs Ernst Klimt (1834–1892) geboren, der seine große Familie kaum ernähren konnte. Ein Stipendium ermöglichte Gustav Klimt bereits mit vierzehn Jahren den Besuch der Kunstgewerbeschule (1876–1883). Zwei Brüder ergriffen ebenfalls künstlerische Berufe: der Maler Ernst (1864–1892) und der Metallbildhauer Georg (1867–1931).

Gustav Klimt brauchte Jahre, bis er sich von der Malweise seiner Lehrer befreien konnte. Gemeinsam mit seinem Bruder Ernst und Franz Matsch (1861–1942) bildete er 1883 eine „Künstlerkompanie". Sie bezogen ein gemeinsames Atelier und leisteten dekorative Arbeiten für Theater außerhalb Wiens. 1886–88 und 1891 gab es zwei Staatsaufträge (Ausstattung der Stiegenhäuser des neuen Burgtheaters und des Kunsthistorischen Museums). Klimt erhielt zweimal „Allerhöchstes Lob" aus dem Munde Kaiser Franz Josephs I., aber der Hof beschäftigte ihn später nicht mehr.

Nach dem Tode seines Bruders und seines Vaters (1892) geriet Klimt in eine Schaffenskrise, aus der er sich nur schwer befreien konnte. Als sich die Jungen um ihn scharten und die Secession gegründet wurde (1897), deren erster Präsident er war, hatte er noch kein Bild gemalt, das seinen späteren Stil erkennen lassen hätte. Ungefähr gleichzeitig gelang ihm mit dem Portrait von Sonja Knips der künstlerische Durchbruch. Seither stand Klimt bis zu seinem Tode im Mittelpunkt modernen Kunstschaffens in Wien, und sehr viel von dem, was in jenen beglückenden Jahren des „Wiener Kunstfrühlings" (1898–1905) in der Secession geschah, ist seiner noblen, uneigennützigen Art zu verdanken. In seiner Freundschaft zu Künstlern, vor allem aber zu jüngeren, aufstrebenden Talenten (z. B. Oskar

Kokoschka, Egon Schiele) war er vorbildlich. Klimt wurde vor allem als Maler schöner Frauen der Gesellschaft bekannt. Sein Bestes aber gab er wahrscheinlich in seinen Zeichnungen, von denen sich an die 4000 erhalten haben. Vielfach sind sie Skizzen für seine Portraits (es gibt bis zu 150 für ein und dasselbe Bild, wobei jede Zeichnung einem anderen Detail gewidmet ist und die Züge der Dargestellten meist nur mit wenigen „stenographischen" Strichen festgehalten sind). Er war ein außerordentlich langsam Malender. Für manche seiner Landschaften benötigte er mehrere Monate, ungezählte Stunden dem kleinsten Detail widmend. Um sich von dieser ermüdenden Arbeit abzulenken, ließ er im Atelier tagein, tagaus, Berufsmodelle warten, nach denen er – immer wieder von der Schönheit des weiblichen Körpers begeistert – zeichnete. Viele seiner Blätter sind von dezenter Erotik, niemals aber gibt es Derbes. Besucher berichten, daß seine Zeichnungen stoßweise im Atelier herumlagen. Er stellte gelegentlich davon aus und schuf sich solcherart den Ruf, einer der besten Zeichner seiner Zeit zu sein. Aber er dachte kaum je daran, sie zu verkaufen. Daher sind sie zumeist unsigniert und undatiert.

Klimt ist unverheiratet geblieben. Wir wissen aber von Frauen, die eine Zeitlang ihr Leben mit ihm teilten und ihm Kinder schenkten. So war der bekannte Filmregisseur Gustav Ucicky (1894–1961) ein natürlicher Sohn Klimts. Stetig war seine Freundschaft zu Emilie Flöge, der Schwester seiner Schwägerin, die bis zu seinem Tode dauerte. Zum Lehren ist er nicht gekommen, seine Bestellung zum Professor der Akademie wurde mehrmals abgelehnt – wohl auf Grund der Skandale, die sich, heute kaum begreifbar, bei der Präsentation der meisten seiner großen malerischen Schöpfungen ereigneten.

Klimt starb am 6. Februar 1918. Nach seinem Tod wurde es still um ihn; erst seit den letzten 25 Jahren weiß die Welt, was sie an ihm besitzt.

Initiale auf der gegenüberliegenden Seite: Vignette aus der Zeitschrift „Ver Sacrum". Die Randleisten entwarf Klimt für die Tafeln des Buches „Das Werk Gustav Klimts" (1908–14) (Albertina).

Klimts Geburtshaus in XIII., Linzer Straße 247 (abgerissen 1967).

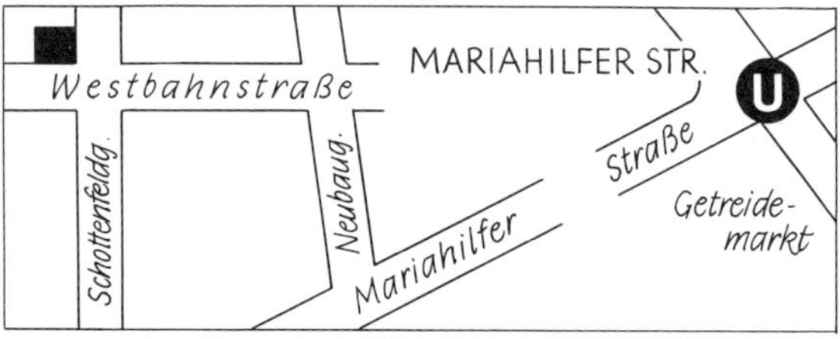

Klimt wohnte bis zu seinem Tode in der Wohnung seiner Mutter Anna, geb. Finster (1836–1915), VII., Westbahnstraße 36/III.

Klimts Lehrer an der Kunstgewerbeschule, I., Stubenring 5, waren Ferdinand Laufberger (1828–1881), der u. a. das Mosaik des Minervabrunnens (links) entwarf, und J. v. Berger (1850–1902).

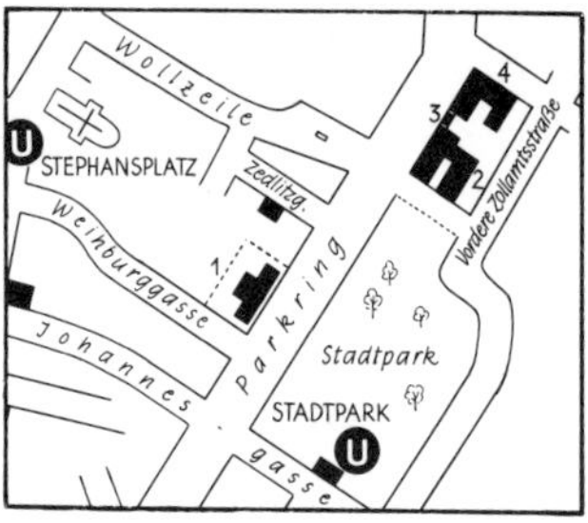

1 ehemals Gartenbaugesellschaft
2 Museum für angewandte Kunst
3 Minervabrunnen
4 Kunstgewerbeschule

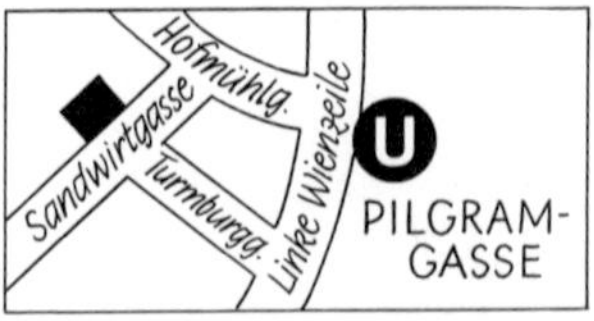

Mit seinem Bruder Ernst und Franz Matsch hatte Gustav Klimt ein Atelier in VI., Sandwirtgasse 8/IV.

Die „Künstlerkompanie“ wurde u. a. für die Ausgestaltung des Stiegenhauses des Kunsthistorischen Museums herangezogen. Ernst Klimt stellte seine Frau Helene, geborene Flöge, im Zwickelbild „Die Deutsche Renaissance“ dar. Klimts Vater diente als Modell im Zwickelbild „Niederlande“.

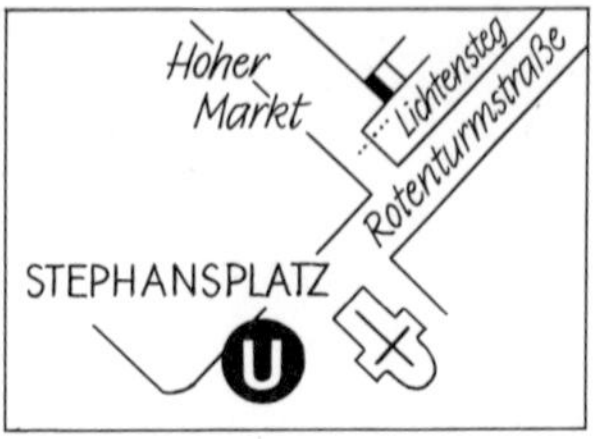

Franz Matsch schuf u. a. die Kunstuhr I., Hoher Markt 10/12 („Ankeruhr“).

Die Abbildung unten zeigt Gustav Klimts Aquarell „Zuschauerraum des alten Burgtheaters“ aus dem Jahr 1888 (Hist. Mus.).

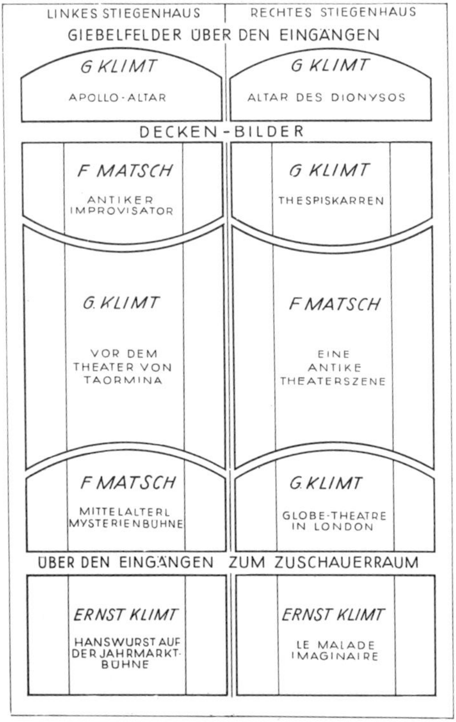

Plan der von der ,,Künstlerkompanie'' ausgestalteten Stiegenhäuser des Burgtheaters.

Gustav Klimt, ,,Das Globe-Theater in London'' (Ausschnitt). Links (mit Halskrause) das einzige gemalte Selbstportrait, an der Säule Ernst; zwischen ihnen Franz Matsch.

Oben: Blick ins linke Stiegenhaus. In der Mitte Klimts „Das Theater in Taormina".

Unten: Das von Carl v. Hasenauer erbaute, 1888 eröffnete Burgtheater in I., Dr.-Karl-Lueger-Ring 2 (Innenstadt-Plan Nr. 28).

Das Kunsthistorische Museum, I., Burgring 5 (Innenstadt-Plan Nr. 23), 1872–1881 von C. v. Hasenauer erbaut. Die Ausschmükkung des Stiegenhauses war der einzige offizielle Auftrag, der Hans Makart zuteil wurde. Makart (1840–1884) entwarf Skizzen; sein früher Tod verhinderte, daß mehr als die Lunettenbilder zur Ausführung kamen. Das Deckengemälde wurde von dem damals gefeierten Michael v. Munkáczy (1844–1909) gestaltet; bei der Ausgestaltung der Zwickel- und Interkolumnenbilder beschäftigte man die „Künstlerkompanie". Sie hatte sich an ein von Albert Ilg (1847–1896), dem Direktor der kunstgewerblichen Sammlungen, erstelltes Programm zu halten.

Vom Auftraggeber unbemerkt, stellte Klimt, seine akademische Malweise erstmals verlassend, im Bild „Griechische Antike" in der Glykene (links) einen Frauentyp seiner Zeit dar. Von Gustav Klimt stammen außerdem: Florentinisches Quattrocento und Cinquecento – Römisches und venezianisches Quattrocento – Ägypten – Altitalienische Kunst.

Abbildung oben: Hans Makart, „Leonardo da Vinci", Lunettenbild im Kunsthistorischen Museum. Auch die anderen von Makart geschaffenen Lunettenbilder im Stiegenhaus stellen berühmte Maler dar.

Für die erste Ausstellung der Secession im Gebäude der „Gartenbaugesellschaft" (Innenstadt-Plan Nr. 6) entwarf Gustav Klimt das Plakat (Albertina). Die Nacktheit des Theseus, der gegen den Minotaurus kämpft, fand Anstoß bei der Zensur, die den Überdruck eines Baumes durchsetzte.

Die Gründung der Secession erfolgte 1897 nach dem Exodus der Jungen aus dem „Künstlerhaus", die sich bei Ausstellungen benachteiligt fühlten. Sie scharten sich um Gustav Klimt, der ihr erster Präsident wurde und bis zum Austritt der Klimt-Gruppe aus der Secession (1905) tonangebend blieb. Die erste Ausstellung wurde zu einem großen Verkaufserfolg. Der greise Aquarellist Rudolf von Alt (1812–1905) hatte sich der Bewegung angeschlossen und Kaiser Franz Joseph I. um die Ehre seines Besuches gebeten. Der Kaiser, kein Kunstfreund, aber ein Förderer der Künste, kam ein einziges Mal. Gustav Klimt empfing ihn in seiner Eigenschaft als Präsident.

Das 1863–1869 von August Weber erbaute Gebäude der „Gartenbaugesellschaft" in I., Parkring 12 (nicht erhalten); dahinter das Palais Coburg, davor die frisch gepflanzten Bäume der Ringstraße. Photographie, um 1870.

Beide Bilder, „Die Liebe" (Hist. Mus.) und „Hofburgschauspieler Josef Lewinsky als Carlos in Clavigo" (Österr. Galerie) entstanden 1895 und sind typische Beispiele eines eher süßlichen Stils, den es zu überwinden galt.

Als die Secession gegründet wurde, war Klimts künstlerischer Durchbruch noch nicht gelungen. Erst das im Jahr 1898 gemalte Portrait von Sonja Knips (Österr. Galerie) wies ihm den Weg.

1892–1914 hatte Klimt sein Atelier im Gartentrakt des Hauses VIII., Josefstädter Straße 21. Geht man durch die Hauseinfahrt in den Hof, hat man – über eine Grünfläche – einen Blick auf die abgrenzende hohe Mauer, vor der Klimts Atelier-Pavillon stand. Die (teilweise erhalten gebliebene) Inneneinrichtung stammte von Josef Hoffmann. An der Wand ein Gemälde Gustav Klimts: „Die Hoffnung II" 1907/08 (Privatbesitz, Wien).

Abbildung links: Gustav Klimt, „Nuda veritas", 1899. Ursprünglich im Besitz des Schriftstellers und Kritikers Hermann Bahr (1863–1934), eines der großen Vorkämpfer der „Moderne", befindet sich das Gemälde heute in der Theatersammlung der Österreichischen Nationalbibliothek.

▾ 4. Stock, Dachboden : Fakultätsbilder

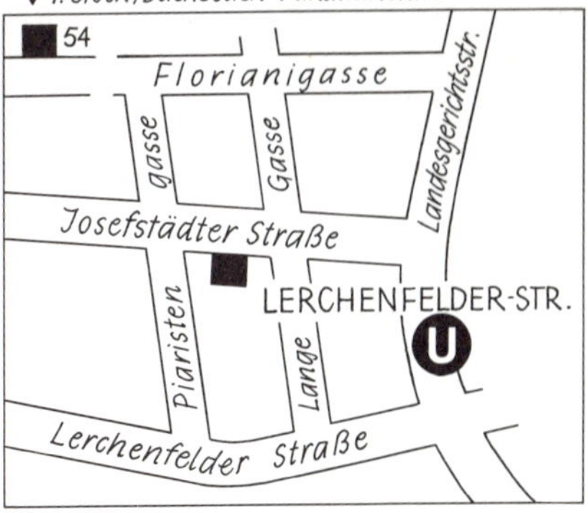

„Hygieia", Ausschnitt aus der „Medizin". Dieser Farblichtdruck aus dem Jahre 1931 (aus: Gustav Klimt, Eine Nachlese) gibt eine Vorstellung von der Farbgebung der dem Krieg zum Opfer gefallenen Gemälde.

30. X. 1892	Kreditgewährung zur Ausschmückung der „Aula" (i. e. des großen Festsaals) der Wiener Universität.
4. IX. 1893	Programm Franz Matschs wird abgelehnt.
4. XI. 1894	Auftrag an Klimt (3 Deckenbilder – „Philosophie", „Jurisprudenz", „Medizin"- und 10 Zwickelbilder) und Matsch (Deckenbilder „Theologie", „Sieg des Lichtes über die Finsternis"). Honorar 60.000 Gulden.
III. 1900	Skandal bei Ausstellung der „Philosophie", Protest der Professoren.
1904	Klimt tritt vom Auftrag für die 10 Zwickelbilder zurück.
3. IV. 1905	Klimt zieht seine drei Deckenbilder zurück.
25. V. 1905	Der Mäzen August Lederer erwirbt die „Philosophie". Klimt zahlt sein Honorar zurück.
1911	Kolo Moser erwirbt „Medizin" und „Jurisprudenz".
11. V. 1945	Die drei nach Schloß Immendorf, NÖ, verlagerten Deckenbilder verbrennen.

Rekonstruktion der Decke des von Heinrich v. Ferstel entworfenen großen Festsaals der Universität Wien (nach: Alice Strobl, Zu den Fakultätsbildern von G. Klimt, Albertina Studien, II., 1964. Die Idee, die vier Fakultätsbilder in die (heute leeren) Felder der Decke einzukopieren, stammt von ihr).

Links oben: Franz Matsch, „Theologie" (Dekanat der theologischen Fakultät, Universität Wien).

Rechts oben: Gustav Klimt, „Jurisprudenz", 1903–1907 (verbrannt 1945).

Mitte: Franz Matsch, „Sieg des Lichtes über die Finsternis" (Deckengemälde, Festsaal, Universität Wien).

Links unten: Gustav Klimt, „Medizin", 1900–1907 (verbrannt 1945).

Rechts unten: Gustav Klimt, „Philosophie", 1899–1907 (verbrannt 1945).

Die Aufteilung des Auftrages zur Ausschmückung der Decke des Festsaals der Universität (Innenstadt-Plan Nr. 31) an zwei Künstler, deren Malweise sich mittlerweile weit voneinander entfernt hatte, war kein glücklicher Gedanke. An und für sich ist zu sagen, daß sich Matschs „Theologie" besser in die prunküberladene Decke eingefügt hätte als Klimts kleinfigurige Bilder. Dieser hatte ursprünglich auch an Großfiguriges gedacht, sich aber im Laufe der Jahre immer weiter von den eingereichten Skizzen entfernt. Dies war wohl ein Hauptgrund des Protestes der Universitätsprofessoren.

Max Klinger (1857–1920), „Beethoven". Am 25. 3. 1902 vollendet, am 15. 4. in der Secession (Innenstadt-Plan Nr. 21) ausgestellt. Leipzig erwarb die Skulptur (um 250.000 Mark), bevor Wien zugreifen konnte. Heute steht sie im Foyer des Leipziger Gewandhauses. Die Secession, in der Meinung, es handle sich um die bedeutendste Skulptur ihrer Zeit, bereitete ihr einen festlichen Empfang, wie er in der Geschichte der modernen Kunst einmalig ist. Ohne Honorar beteiligten sich alle Künstler des Hauses an der Ausgestaltung der Räume. Klimts Beethoven-Fries – Gesamtlänge 26 Meter, eines der wichtigsten Werke des Jugendstils – ist derzeit in Restaurierung und soll in der Wiener UNO-City Aufstellung finden.

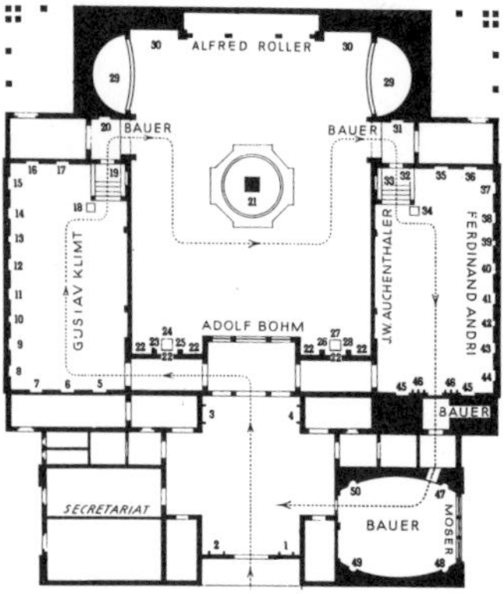

Orientierungsplan (nach dem Katalog der 14. Ausstellung der Secession, Albertina). In der Mitte Klingers Beethoven, im linken Saal der Beethoven-Fries.

Die Abbildung oben zeigt den linken Saal mit Klimts Beethoven-Fries, mit Durchblick auf die im Mittelsaal aufgestellte Plastik Max Klingers.

Oben: „Die Sehnsucht nach dem Glück findet Stillung in der Poesie." (Ausschnitt aus dem rechten Teil des Frieses.)

Unten: „Die Bitten der schwachen Menschheit an den wohlgerüsteten Starken." (Ausschnitt aus dem linken Teil des Frieses.)

Gustav Klimt, „Bildnis Emilie Flöge", 1902 (Hist. Mus.).

Die Schwestern Emilie, Helene und Paula Flöge hatten im Hause VI., Mariahilfer Straße 1b, „Casa piccola", einen in Wien führenden Modesalon. Helene wurde die Frau von Ernst Klimt. Gustav verbrachte 1900–1918 beinahe jeden Sommer mit Emilie am Attersee.

Links oben: Emilie Flöge im Garten ihres Hauses am Attersee. Photographie von Gustav Klimt. Um 1905.

Rechts oben: Emilie Flöge. Aufnahme von d'Ora-Benda, Wien. 1909.

Das (auf der gegenüberliegenden Seite gezeigte) 1902 gemalte Portrait befriedigte weder die Dargestellte noch den Künstler. Es wurde knapp nach seiner Entstehung an das Historische Museum der Stadt Wien verkauft.

Rechts unten: Empfangsraum im Modesalon Flöge. Einrichtung von Kolo Moser (1868–1918). (Nicht erhalten.)

Für das Speisezimmer (oben) des 1905–11 erbauten Palais Stoclet in Brüssel, Josef Hoffmanns Meisterwerk – dessen Interieur bis heute unberührt erhalten ist –, schuf Klimt 1905–09 einen in Mosaik ausgeführten Fries. Die Werkzeichnungen hierzu (Mus. f. angew. Kunst, Innenstadt-Plan Nr. 4) wurden vor einigen Jahren hervorragend restauriert. Die Abbildungen unten zeigen die Werkzeichnungen zu „Die Erwartung" (links) und „Die Erfüllung" (rechts).

Mit ihrem Exodus aus der Secession, 1905, hatte die Klimt-Gruppe ihr Ausstellungslokal verloren. Auf dem Bauplatz des späteren Konzerthauses (Innenstadt-Plan Nr. 8) improvisierte J. Hoffmann Pavillons der „Kunstschau“. Die erste zeigte österreichische, die zweite internationale neue Kunst. O. Kokoschka (1908, 1909) und E. Schiele (1909) durften dort ausstellen.

Klimts Hauptwerk „Der Kuß“, 1907/08, wurde 1909 von der Österreichischen Galerie erworben.

Gustav Klimt, „Allee im Park von Schloß Kammer", 1912 (Österr. Galerie).

Klimt wurde verhältnismäßig spät zum Landschaftsmaler. Die meisten Bilder entstanden am Attersee und wurden in oftmals monatelanger Arbeit im Atelier fertiggestellt. Man kann auch heute noch an Ort und Stelle seinen Motiven nachgehen (siehe Plan). Es gibt keine Klimt-Zeichnungen von Landschaften. Man weiß, daß er beim Spazierengehen eine kleine Elfenbeintafel mit quadratischem Ausschnitt prüfend vors Auge hielt.

Texterläuterung

1 *„Insel im Attersee", um 1901*

2 *„Schloß Kammer am Attersee" I, II, III (Österr. Galerie), IV, 1908–1912, und „Allee im Park von Schloß Kammer" (Österr. Galerie), 1912*

3 *„Litzlbergkeller", 1915/16*

4 *„Forsthaus in Weissenbach", 1914/16*

5 *„Häuser in Unterach" (Neue Galerie, Linz), 1916 und „Kirche in Unterach", um 1916*

Bereits zu seinen Lebzeiten hat es sich Klimt angelegen sein lassen, durch Reproduktionen für eine größere Ausstrahlung seines Schaffens zu sorgen. So erschien 1908–14 „Das Werk Gustav Klimts" in 50 Kunstblättern, unter Aufsicht des Künstlers ausgeführt, davon 10 in Farben und Gold (Albertina). Für die Farbreproduktionen wurden nicht weniger als 16 Farbauszüge übereinandergedruckt! Das erste Exemplar subskribierte bemerkenswerterweise Kaiser Franz Joseph I. Unmittelbar nach Klimts Tod erschien „Gustav Klimt, 25 Handzeichnungen, zum Teil farbige Lichtdrucke, Wien 1919" (Albertina). Wir reproduzieren Tafel 16, ein um 1916 entstandenes Blatt. In jüngster Zeit wird sein zeichnerisches Œuvre wissenschaftlich erfaßt (siehe Bibliographie).

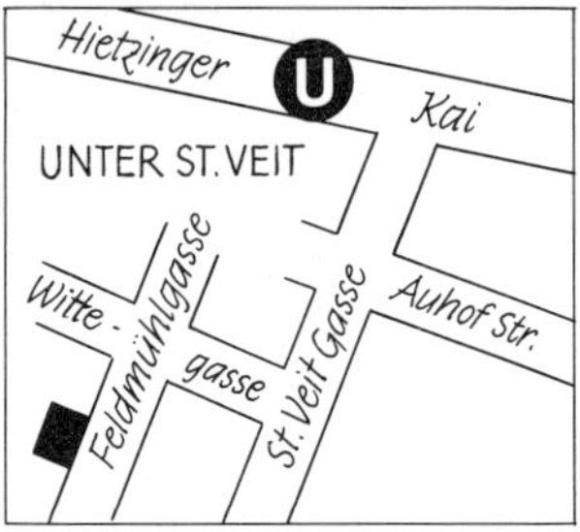

Klimts letztes Atelier befand sich XIII., Feldmühlgasse 11. Egon Schiele bemühte sich vergeblich, daß es erhalten bliebe. Heute ist das Haus zu Wohnzwecken umgebaut. Auf den Staffeleien „Die Braut", 1917/18 (Österr. Galerie, Leihgabe) und „Dame mit Fächer", 1917/18 (Privatbesitz, Wien), beide unvollendet.

Klimts Arbeitskittel (Modeschule Schloß Hetzendorf).

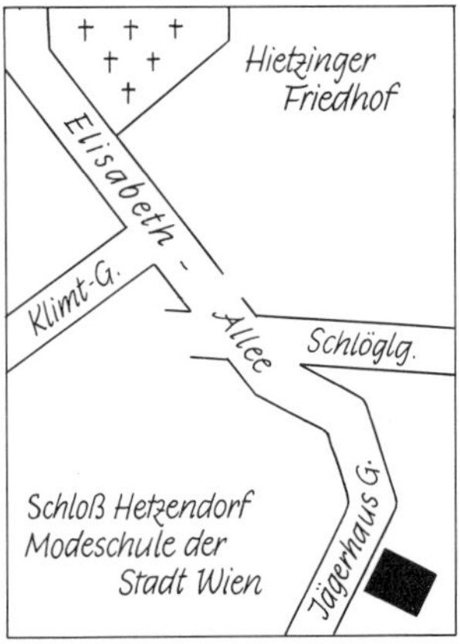

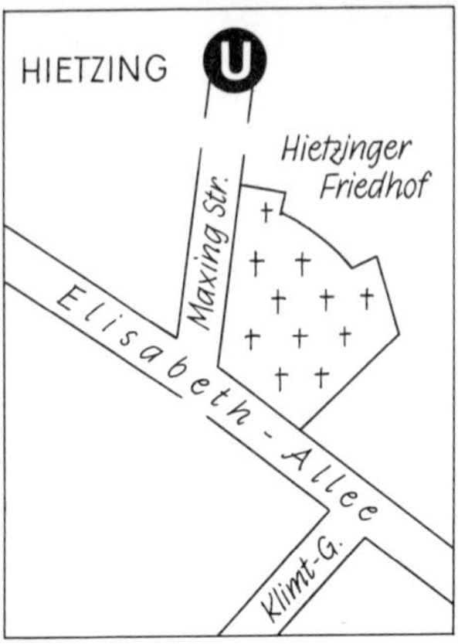

Klimt erlitt in seiner Wohnung am 11. Januar 1918 einen Schlaganfall. Er starb im Allgemeinen Krankenhaus am 6. Februar 1918 an den Folgen einer grippösen Lungenentzündung. Sein Grab befindet sich auf dem Hietzinger Friedhof, Gruppe 5, Nummer 194/5. Zur Ausführung eines von Josef Hoffmann entworfenen Sarkophags ist es nicht gekommen. Heute noch legen Bewunderer Blumen auf Klimts Grab.

GEMÄLDE:
Österreichische Galerie des 19. und 20. Jahrhunderts (Österr. Galerie), III., Oberes Belvedere (Innenstadt-Plan Nr. 10). Geöffnet: Di, Mi, Do, Sa 10–16, Fr 10–13, So 9–12 Uhr. Mo geschlossen.

Museum moderner Kunst, Palais Liechtenstein, IX., Fürstengasse 1 (Innenstadt-Plan Nr. 47). Geöffnet: Mo, Mi, Do, Fr, Sa, So 10–18 Uhr. Di geschlossen.

Österreichisches Theatermuseum, dzt. I., Hanuschgasse 3 (bei der „Albertina"), Gedenkraum Anna Bahr-Mildenburg. Geöffnet: Di, Do 11 Uhr. Anmeldung bei der Kasse der Bundestheater, I., Hanuschgasse 3. Ab 1984: Palais Lobkowitz, I., Lobkowitzplatz 2 (Innenstadt-Plan Nr. 25).

GEMÄLDE UND ZEICHNUNGEN:
Historisches Museum der Stadt Wien (Hist. Mus.), IV., Karlsplatz (Innenstadt-Plan Nr. 15). Geöffnet: Di, Mi, Fr 10–16, Do 10–19, Sa 14–18, So 9–17 Uhr. Mo geschlossen.

ZEICHNUNGEN:
Graphische Sammlung Albertina (Albertina), I., Augustinerstraße 1 (Innenstadt-Plan Nr. 24), Studiensaal, dort auch Klimt-Archiv. Geöffnet: Mo, Di, Mi, Do 13–16 Uhr. Fr, Sa, So geschlossen.

DEKORATIVES:
Kunsthistorisches Museum, I., Burgring 5 (Innenstadt-Plan Nr. 23), Stiegenhaus. Geöffnet: Di, Mi, Do, Fr 10–15, Sa, So 9–13; Di, Fr 19–21 Uhr. Mo geschlossen.

Burgtheater, I., Dr.-Karl-Lueger-Ring (Innenstadt-Plan Nr. 28), Stiegenhäuser. Besichtigung: nach telef. Anmeldung (Gebäudeverwaltung, Tel. 52 24 0) oder mit Eintrittskarte jeweils vor der Vorstellung.

Universität, I., Dr.-Karl-Lueger-Ring 1 (Innenstadt-Plan Nr. 31), Festsaal: Dekkengemälde von Franz Matsch, werktags 8–16 Uhr; Theolog. Dekanat: „Theologie" von Franz Matsch, nach telef. Anmeldung (Tel. 54 00 0).

Österreichisches Museum für angewandte Kunst (Mus. f. angew. Kunst), I., Stubenring 5 (Innenstadt-Plan Nr. 4). Werkzeichnungen zum Stoclet-Fries. Geöffnet: Di, Mi, Fr 10–16, Do 10–18, So 10–13 Uhr. Mo und Sa geschlossen.

ARBEITSKITTEL:
Modeschule der Stadt Wien, XII., Hetzendorfer Straße 79 (siehe Plan S. I/22 u.). Mode-Sammlung, nach telef. Anmeldung (Tel. 84 27 95).

Literatur:
Nebehay, C. M.: Klimt-Dokumentation. Wien 1969. (Gekürzte Taschenbuchausgabe: dtv 1146. 1976.)
Novotny, Fritz – Dobai, Johannes: Gustav Klimt. (Œuvre-Katalog) Salzburg 1967.
Strobl, Alice: Gustav Klimt, Die Zeichnungen, 1878–1903; 1904–1911; in Vorbereitung: 1912–1918. Salzburg 1980–1984.
Strobl, Alice: Zu den Fakultätsbildern von G. Klimt. Albertina Studien, II, Heft 4, 1964.

EGON
SCHIELE

EGON SCHIELE
1890–1918

Egon Schiele (12. Juni 1890–31. Oktober 1918) entstammte einer zwar völlig amusischen, aber gut bürgerlichen Familie. Der aus Anhalt stammende geniale Großvater Karl Ludwig Schiele (1817–1862), ein bedeutender Eisenbahningenieur, war der Erbauer der Linie Prag–Eger. Den von ihm überkommenen Aktienbesitz verbrannte Schieles Vater Adolf (1851–1905), zuletzt Bahnhofsvorstand in Tulln, dann krankheitshalber pensioniert, in einem Anfall geistiger Verwirrung. Erst von diesem Moment an war die Familie, nun allein auf eine kleine Pension angewiesen, verarmt.

Schiele hat unter dem Trauma des frühen Todes seines Vaters genauso gelitten wie Edvard Munch unter dem Tod der Mutter und einer geliebten Schwester. Wenn daher Traurigkeit und Schwermut, Herbst und Verwesung in Schieles Bildern vorherrschen – es gibt keine einzige Zeichnung und kein einziges gemaltes Portrait von ihm, das entspannte, glückliche Züge zeigen würde –, so könnte diese seelische Belastung durch Krankheit und Tod des Vaters entstanden sein. Merkwürdigerweise drückte sich dies lediglich in seinem Schaffen aus. Als Mensch wird er heiter und sorglos, ja etwas leichtsinnig geschildert. Die „Affaire von Neulengbach" hätte ihn um ein Haar die bürgerliche Existenz gekostet. Auch nach heutiger Rechtssprechung war die Anklage schwerwiegend. Daß sie fallengelassen wurde, zählt zu einem der großen Glücksfälle seines Lebens. Wie es überhaupt falsch ist, ihn – wie die bisherige Literatur es getan hat – als Verfolgten und Märtyrer der Sittenschnüffelei hinzustellen.

Schiele ist das große Glück zuteil geworden, daß er von allem Beginn seiner künstlerischen Laufbahn an Käufer fand. Auch – was festzuhalten ist – als er 1909 mit einemmal, innerhalb weniger Monate, zum eigenen, expressionistischen Stil fand. Bei seinem Tod waren beinahe alle seine 300 Bilder verkauft. Man muß der Handvoll Kunstenthusiasten, die sein Genie frühzeitig erkannten und ihn förderten, wirklich dankbar sein für das, was sie taten.

Was Frauen angeht, können wir lediglich über seine Liebschaft zu Wally Neuzil berichten, die einige Jahre hindurch Freud und Leid mit ihm teilte, bis er sie 1915 abrupt verließ und Edith Harms heiratete. Anders als etwa bei Klimt, der der Liebhaber vieler seiner Modelle war, können wir uns des Eindrucks nicht erwehren, als sei Schiele vielmehr ein Beobachtender, Besessener, von einer Flamme Verzehrter gewesen. Er wurde von den Käufern seiner erotischen Blätter zur Darstellung von immer Gewagterem veranlaßt. Er lebte hauptsächlich vom Verkauf seiner Zeichnungen, die alle ausgeführt, signiert und datiert sind.

Noch einmal bewährte sich sein Schutzengel, als er 1915 zum

Militär einberufen wurde und die letzten drei Jahre seines Lebens sich mit sehr viel Nachsicht seiner Vorgesetzten doch Zeit zum Schaffen abringen konnte. Er starb mit nur 28 Jahren. Im gleichen Jahr starben Gustav Klimt, Otto Wagner, Kolo Moser. Der Tod beraubte die junge, um ihre Existenz ringende Republik Österreich ihrer hervorragendsten Künstler. Wie Klimt mußte auch Schiele in den letzten 25 Jahren wiederentdeckt werden. Sein Stern leuchtet heute strahlend am Himmel der Kunst.

Unten (von links nach rechts): „Kopf I", Gummischnitt; „Mutter ihr Kind in die Höhe haltend", Gummischnitt; „Drei badende Männer", Holzschnitt; „Kopf II", Gummischnitt. Alle Druckgraphiken im Sommer des Jahres 1916 in Mühling entstanden.

Das Geburtshaus Egon Schieles war das Bahnhofsgebäude von Tulln (Aufnahme um 1910, heute beinahe unverändert). Schiele wurde in dem zweifenstrigen Zimmer rechts im ersten Stock geboren. 1901 kam Schiele ins Realgymnasium; zunächst nach Krems, 1902–1906 nach Klosterneuburg, wohin ihm die Familie 1904 folgte.

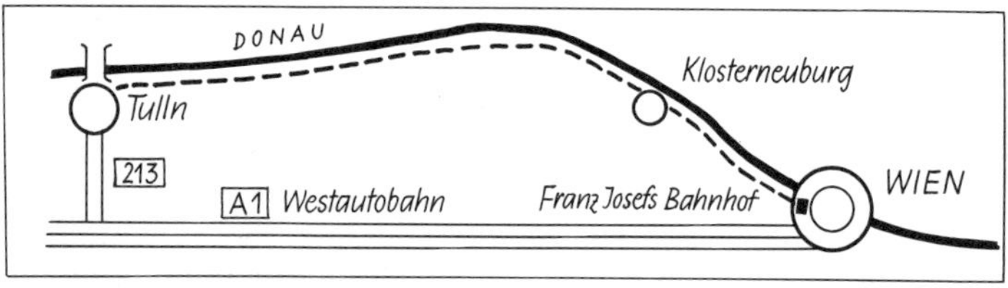

Die Eltern Adolf und Marie und drei Kinder: links Egon, neben ihm Melanie (geb. 1886) und Elvira (starb 1893). Gertrude (Gerti) kam 1894 zur Welt.

„Bildnis der Mutter Schieles". Schwarze Kreide. 1918 (Albertina).

Marie Schiele, geborene Soukup aus Krumau, Böhmen (1862–1935). Gegen den Willen des Mitvormundes setzte sie die Aufnahme ihres Sohnes an die Akademie der bildenden Künste in Wien durch. Das Verhältnis Mutter-Sohn war jedoch getrübt. Schieles Schwester Gertrude (Gerti) (1894–1982) heiratete seinen Jugendfreund, den Maler Anton Peschka (1885–1940). Sie war eine Zeitlang Schieles bevorzugtes Modell.

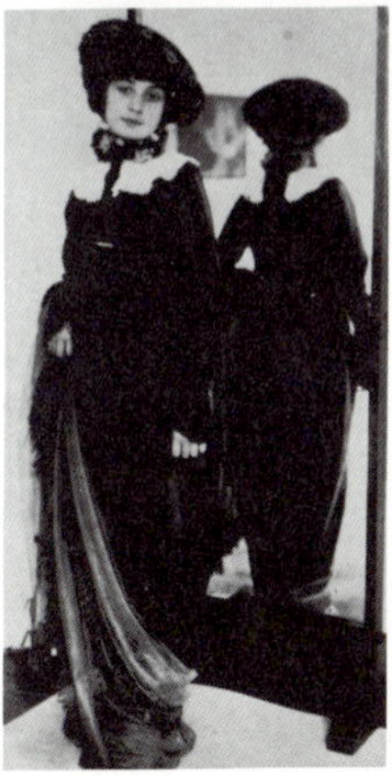

Links: Gerti vor dem Spiegel in Schieles Atelier. Photographie. Um 1910.

Rechts: „Gerti als Akt". 1910 (Albertina).

Mit 16 Jahren wurde Schiele an der Akademie der bildenden Künste, I., Schillerplatz, aufgenommen. Die Photographie zeigt den Akt-Zeichensaal der Akademie. Um 1907. Egon Schiele links neben Mann mit Hut.

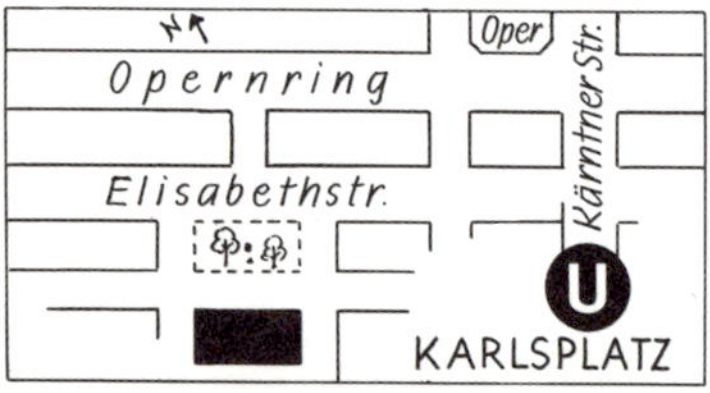

Schiele wurde bei Prof. Christian Griepenkerl (1839–1916), im Sinne des herrschenden Akademismus, drei volle Jahre hindurch im Zeichnen geschult.

Zum Landschaftsmaler war Egon Schiele bereits am Realgymnasium in Klosterneuburg geworden. Wie weit entfernt von akademischer Art er 1907 bereits war, beweist sein Ölbild „Segelschiffe in wellenbewegtem Wasser". 1907 (Neue Galerie, Graz). Es entstand in Triest.

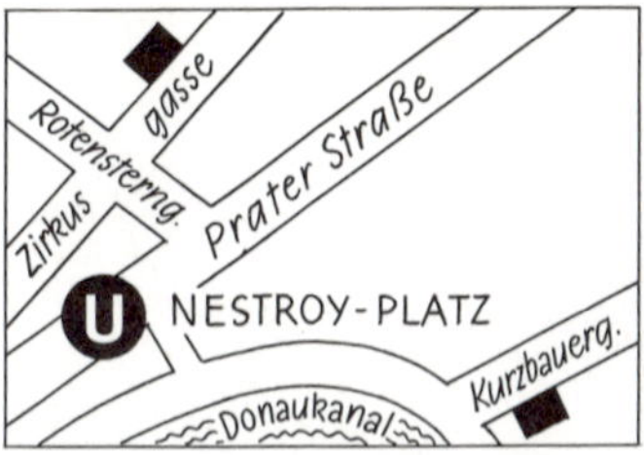

Schieles erstes Atelier war II., Kurzbauergasse 6, Tür 23. Im 2. Bezirk kam er erstmals mit dem Großstadtproletariat, dem für sein Œuvre eine nicht unbeträchtliche Bedeutung zukommen sollte, in Berührung.

Leopold Czihaczek (1842–1929), Oberinspektor der k. k. Staatsbahnen, Schieles Onkel und Mitvormund, II., Zirkusgasse 47 (heute Gemeindebau), hatte verstanden, die namhafte Mitgift seiner Frau zu erhalten. Er war ein Musikfreund; dem Schaffen seines Neffen stand er etwas fassungslos gegenüber. Im Mai 1909 kam es zum Bruch. Erst von da an war Schiele auf sich allein gestellt.

Links: „Blick in die Wohnung Czihaczek." Öl. 1907 (Österr. Galerie).

Schiele stand anfangs unter dem Einfluß der Secession, vor allem Gustav Klimts, den er lebenslang verehrte.

„Liebespaar". Farbkreidezeichnung, 1909 (Hist. Mus.). Unter dem Einfluß von Klimts „Beethoven-Fries" entstanden.

„Bildnis Gertrude Schiele", Öl. 1909 (Privatbesitz, Wien).

1909, innerhalb weniger Monate, gelang Egon Schiele der Durchbruch zum eigenen Stil. Er durfte – war J. Hoffmann der Vermittler? – auf der 2. Kunstschau (Innenstadt-Plan Nr. 8) neben O. Kokoschka ausstellen, was dieser ihm nachtrug. Die befürchteten Skandale (die Klimt so zugesetzt haben) blieben aus. Das Publikum ignorierte das Schaffen der beiden Jungen.

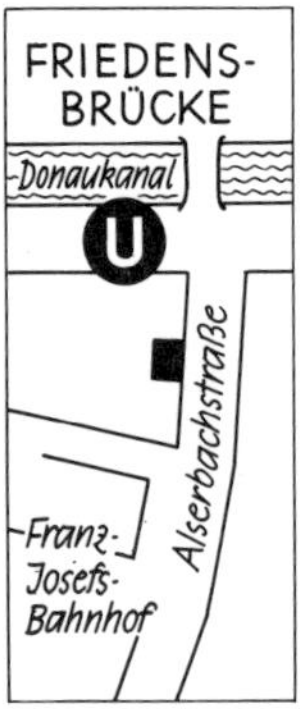

Schiele verließ am 30. 7. 1909 die Akademie. Er war nun einem Maturanten gleichgestellt, was für den Militärdienst wichtig war. Er bezog ein neues Atelier, IX., Alserbachstraße 39 (oben), wo er bis November 1910 blieb. Vorübergehend teilte er es mit dem Maler und Graphiker Max Oppenheimer, genannt Mopp (1885–1954).

Im Dezember 1909 überließ der Kunsthändler Gustav Pisko (oben) den „Neukünstlern“, wie sich Schiele und einige Studiengenossen an der Akademie selbst genannt hatten, seinen Salon in I., Lothringerstraße 14 (Innenstadt-Plan Nr. 13) für eine Ausstellung. Neben Schiele waren Anton Faistauer (1887–1930), Franz Wiegele (1887–1944), der spätere Schwager Schieles, Anton Peschka (1886–1940), und der Theatermaler Erwin Osen (1881–1970) die prominentesten.

Arthur Roessler (1877–1955), Kritiker und Schriftsteller, war der literarische Entdecker, Freund und Förderer Schieles. Schiele hat ihn mehrere Male portraitiert, das Ölgemälde „Bildnis A. Roessler“ stammt aus dem Jahr 1910 (Hist. Mus.).

Eigenhändig beschriftete Karte aus Krumau, 15. 5. 1911 (Wr. Stadtbibliothek): „Das ist der obere Teil der ‚Toten Stadt'. Grüße Egon Schiele."

Seit 1910 fuhr Egon Schiele des öfteren nach Krumau (bei Budweis, heute ČSSR), der Heimatstadt seiner Mutter; 1911 wohnte er längere Zeit dort. Eine mit Erwin Osen im Mai 1910 unternommene Fahrt nach Krumau wurde zum Anlaß der Niederlegung der Mitvormundschaft seitens des erbosten Onkels Leopold Czihaczek, den ein falsch adressiertes Telegramm mit der Bitte um Geld nachts aus dem Bett gerissen hatte.
Es entstanden, zunächst nach der Natur, eine Reihe seiner schönsten Stadtansichten. Später setzte Schiele Bilder willkürlich aus Teilelementen zusammen.
Die Abbildung zeigt das Ölgemälde „Stadt und Fluß" aus dem Jahr 1916 (Neue Galerie, Linz).

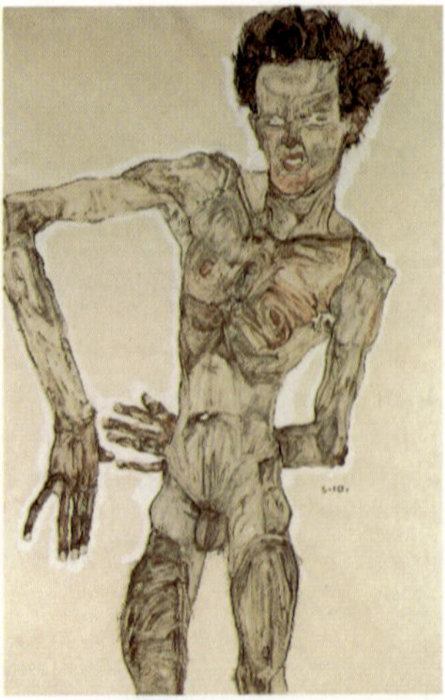

Schiele muß um 1910 sehr unter dem Einfluß des merkwürdigen Erwin Osen gestanden sein, der unter anderem auch Pantomime war. Von den Aktzeichnungen nach dessen hagerem Körper zu Selbstdarstellungen, gleichfalls als Akt, die es seit 1910 gibt, war nur ein kurzer Schritt. Die Abbildung links oben zeigt Erwin Osen in einer Aktzeichnung Schieles von 1910 (Neue Galerie, Graz), rechts oben das Aquarell „Selbstbildnis als Akt" von 1910 (Albertina).

Das Gartenhaus in Krumau. Schiele mußte es 1911 verlassen, weil die Bevölkerung die Auflösung des Mietverhältnisses erzwang (wohl wegen seiner „wilden Ehe" mit Wally Neuzil, möglicherweise aber auch wegen des häufigen Besuchs von Minderjährigen).

Schiele lebte seit 1911 mit Wally Neuzil zusammen (1894–1917). Über seine Eheschließung verbittert, meldete sie sich 1915 als Rote-Kreuz-Schwester und starb 1917 in einem Marinelazarett in Sinj, Dalmatien, an Scharlach.

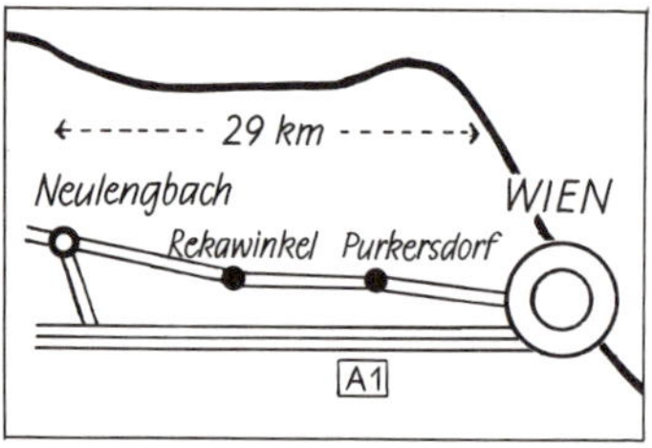

Von Mitte August 1911 – nach seiner Rückkehr von Krumau hatte Schiele vorübergehend bei seiner Mutter in IX., Sobieskigasse 14/16 gewohnt – bis zu seiner Verhaftung im April 1912 bewohnte Schiele mit Wally Neuzil das (heute im wesentlichen noch unveränderte) Haus Au 48 in Neulengbach/Niederösterreich (oben).

Wally Neuzil (wahrscheinlich von Roessler aufgenommen). (Hist. Mus.)

„Schieles Wohnung in Neulengbach", Öl. 1912 (Hist. Mus.). Stark von van Gogh abhängig, von dem auf der Kunstschau 1909 einige Bilder zu sehen waren.

Schiele verbrachte im Bezirksgericht Neulengbach, Hauptplatz 2 (oben), drei Wochen in Untersuchungshaft. Seine Zelle (kenntlich durch das Monogramm, das auf einer seiner Neulengbacher Zeichnungen vorkommt) ist heute Kohlenkeller.
Am 13. 4. 1912 wurde Schiele in Untersuchungshaft genommen. Die Anklage lautete auf: Entführung einer Minderjährigen (wurde fallengelassen), Sexualdelikt an einer Unmündigen (wurde in der Hauptverhandlung, die in St. Pölten stattfand, fallengelassen) und Zurschaustellung einer erotischen Zeichnung in einem Kindern zugängigen Raum. Dafür erhielt er drei Tage Arrest (verbüßt durch die Untersuchungshaft).
Er fühlte, daß es um seine Existenz ging, und nahm in tiefer Verzweiflung in einer Anzahl von Aquarellen und Zeichnungen (Albertina) darauf Bezug. Er versah alle Blätter mit dramatischen Legenden: „Nicht gestraft, gereinigt fühle ich mich" (links unten) oder „Ich werde für meine Kunst und meine Geliebten gerne ausharren" (rechts unten).

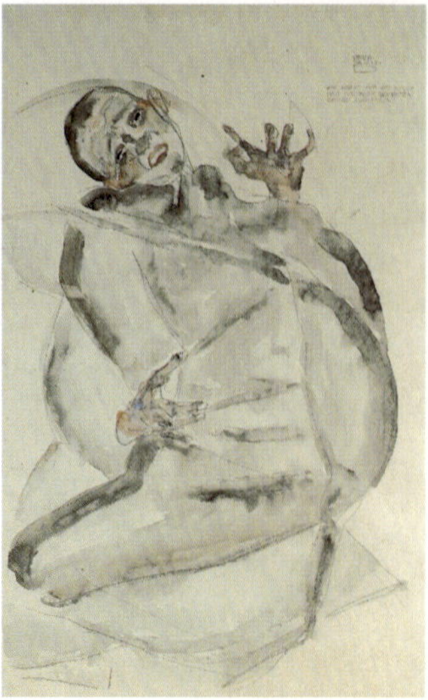

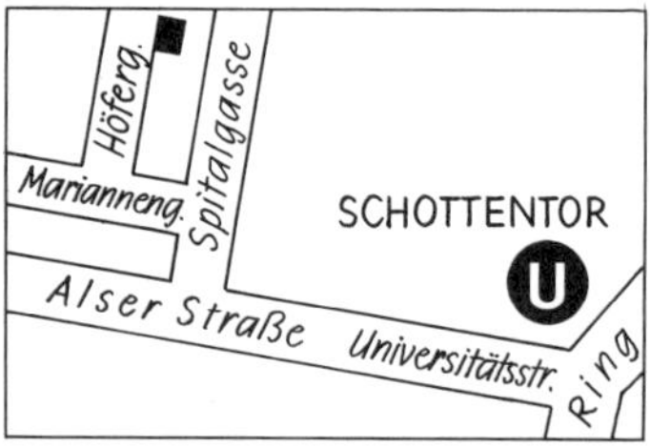

Nach kurzem Aufenthalt bei seiner Mutter, die in der Zwischenzeit nach XII., Rosenhügelstraße 9 verzogen war, bezog Schiele im Juli 1912 das ehemalige Atelier Osens: IX., Höfergasse 18 (oben). Im Oktober 1912 übersiedelte er dann in das Atelier in XIII., Hietzinger Hauptstraße 101, das er bis zu seinem Tod behalten sollte (unten).

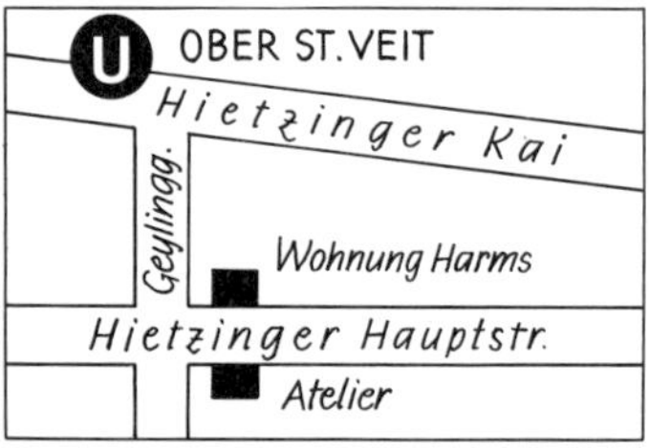

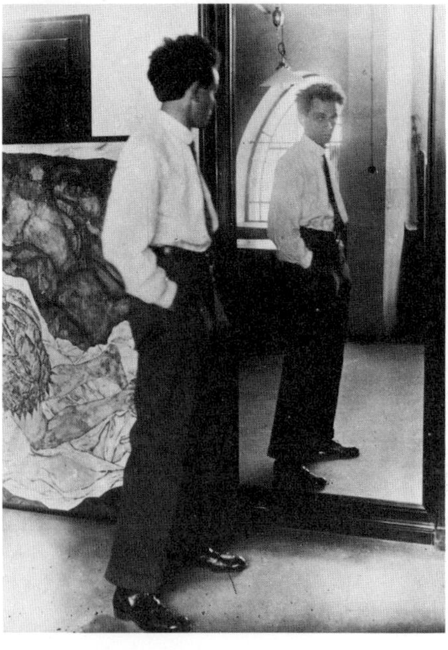

Durch Vermittlung von Gustav Klimt lernte er 1912 dessen Mäzen August Lederer kennen. Von da an ging es ihm finanziell besser. Weihnachten/Neujahr 1912/13 wurde er von Lederer nach Györ (Raab) in Ungarn eingeladen. Er zeichnete die Mitglieder der Familie und malte ein Portrait des Sohnes Erich, mit dem er sich anfreundete.

Egon Schiele vor dem großen Spiegel seines Hietzinger Ateliers. 1915.

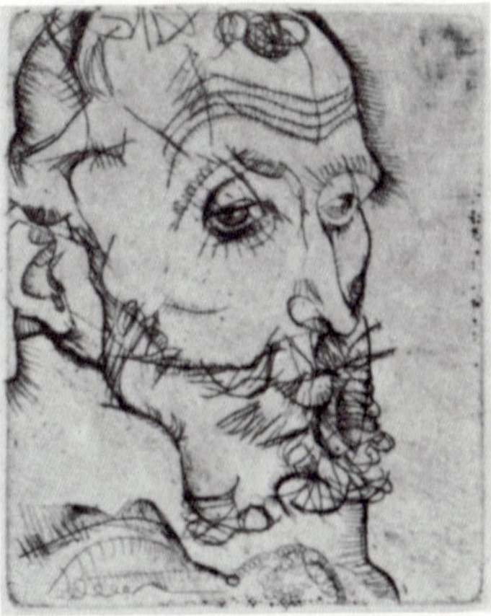

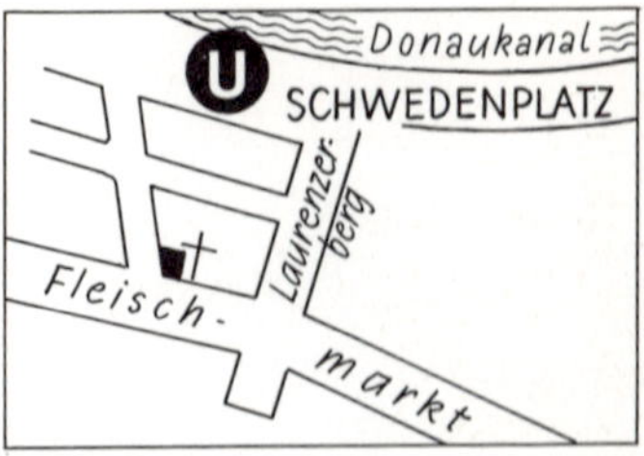

„Bildnis Franz Hauer". Kaltnadelradierung. 1914 (Albertina).

Über Anregung von Arthur Roessler begann Schiele 1914 zu radieren und schuf eine Reihe hervorragender Blätter, verlor jedoch bald die Lust daran.
In Franz Hauer (1866–1914), dem Besitzer des heute noch bestehenden Restaurants „Griechenbeisel", I., Fleischmarkt 11, gewann Schiele einen neuen, großen Kunden. Dieser besaß über tausend Bilder moderner Maler.

Der Ausbruch des Ersten Weltkrieges ließ Schiele, der seiner schwächlichen Konstitution halber in Friedenszeiten keinen Militärdienst zu leisten gehabt hatte, äußerlich unbewegt. Er hat sich auch künstlerisch mit dem Krieg nicht auseinandergesetzt.

Das Sonderheft der Zeitschrift „Der Ruf" war bereits 1912 erschienen. Für das Titelblatt diente eine Montage nach einem Selbstportrait von 1910 (Albertina).

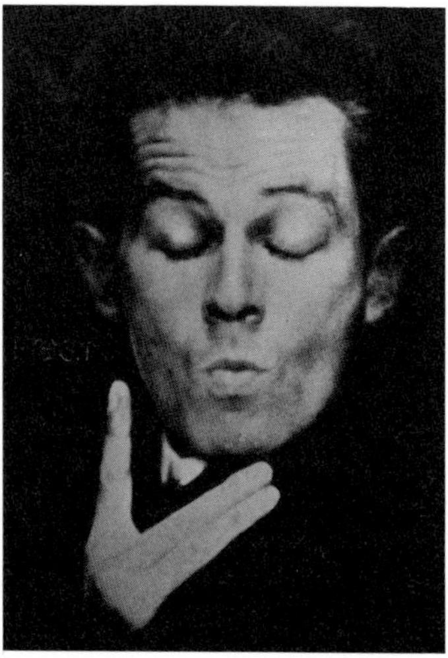

Es berührt ein wenig sonderbar, daß Schiele in derart bewegten Zeiten mit einemmal die künstlerische Photographie für sich entdeckte. Photographiert hat er schon als heranwachsender Knabe. Nun aber stellten zwei seiner Künstlerfreunde: Anton Josef Trčka (Pseudonym: Antios), Maler, Kunstgewerbler und Lyriker (1893–1940) und sein Hietzinger Nachbar Johannes Fischer (1888–1955), Maler und Naturwissenschaftler, mehrere bemerkenswerte Bildnisse von ihm her (Albertina, Egon-Schiele-Archiv).
Schiele (hier in seinem Atelier) begann, seit es ihm anfing besser zu gehen, auch Kunst zu sammeln.

Es ist anzunehmen, daß Schiele in seinem Leben einige tausend Zeichnungen geschaffen hat. Da er hauptsächlich von ihrem Verkauf lebte, ließ er es sich angelegen sein, sie bildmäßig zu vollenden, zu signieren und zu datieren. Wir wissen von Augenzeugenberichten, daß er für eine Portraitzeichnung in Kohle kaum mehr als 10 Minuten brauchte! Sein Strich ist von einer geradezu unglaublichen Sicherheit, es gibt kaum jemals auch nur die geringste Korrektur! Bemerkenswert ist, daß alle seine heute besonders hochgeschätzten farbigen Zeichnungen ausnahmslos im nachhinein koloriert wurden. In den wenigen kargen Freizeitstunden, die ihm der Militärdienst ließ, entstand 1915 eine Anzahl der schönsten Blätter (alle Albertina).

Das von Schiele gezeichnete Plakat (Hist. Mus.) seiner Ausstellung in der Galerie Guido Arnot, I., Kärntnerring 15, I. Stock (Innenstadt-Plan Nr. 14), die im Jänner 1915 stattfand.

Aus einem Flirt mit zwei Mädchen von vis-à-vis, XIII., Hietzinger Hauptstraße 114 (siehe Plan Seite II/14), entwickelte sich Liebe. Er heiratete (Kriegstrauung) Edith Harms. Sie stammte just aus dem Kleinbürgermilieu, dem er mit dem Fortgang von Czihaczeks den Rücken gekehrt zu haben glaubte.

Das „Bildnis Edith Schiele", 1917/18 (Österr. Galerie), war das erste Gemälde, das von einer öffentlichen Kunstsammlung erworben wurde. (Der Rock, früher buntscheckig, mußte auf Wunsch von Hofrat Haberditzl, Direktor der Sammlung, grau übermalt werden.) Anfänglich war Edith sein ausschließliches Modell, bald jedoch kamen wieder Berufsmodelle ins Haus. Schiele mußte im Juni 1915 nach Prag einrücken. Nach kurzer Ausbildung in Neuhaus, Böhmen, wurde er im August 1915 nach Wien versetzt (Schanzarbeiten im Lainzer Tiergarten und Eskortieren russischer Kriegsgefangener).

Im März 1916 wurde Schiele (im Bild Mitte) als Schreiber in ein Kriegsgefangenenlager für russische Offiziere nach Mühling bei Wieselburg versetzt.

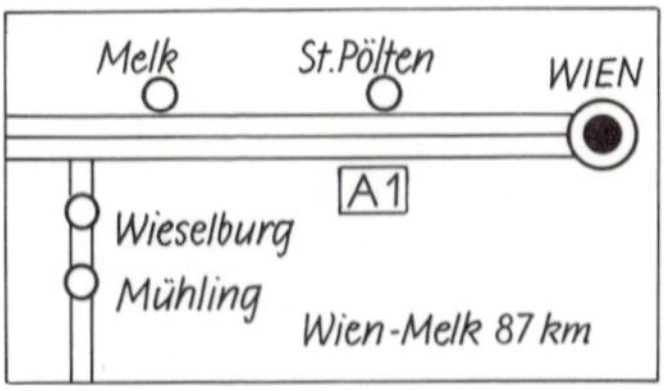

Wie bei all seinen Dienststellen, fand er verständnisvolle Vorgesetzte. Jedoch ließ ihm der Dienst kaum Zeit zu künstlerischem Schaffen, und so entstanden 1916 nur 8 Ölbilder. An und für sich tat ihm der Landaufenthalt gut, vor allem wegen der weit besseren Verpflegungsmöglichkeit. Auch wohnte Edith in seiner Nähe. Er aber strebte danach, nach Wien versetzt zu werden, und setzte allen seinen Bekannten und Freunden zu, ihm doch behilflich zu sein. Die Abbildung zeigt das Ölbild „Zerfallende Mühle" (an der Erlauf), 1916 (N. Ö. Lds. Mus.).

Karl Grünwald Kohlezeichnung. 1917. (Hist. Mus.)

Ab Januar 1917 war Schiele endlich in Wien bei der „k. k. Konsumanstalt für die Gagisten der Armee im Felde", VI., Mariahilferstraße 134, auf Verwendung von Oberleutnant Karl Grünwald, im Zivilberuf Kunsthändler, der neben Dr. Hans von Rosé sein Vorgesetzter wurde. Für einen geplanten Kalender zeichnete er Magazine der Anstalt in Wien, Tirol und Südtirol, u. a. auch den Schreibtisch Karl Grünwalds in der Konsumanstalt (Privatbesitz, London).

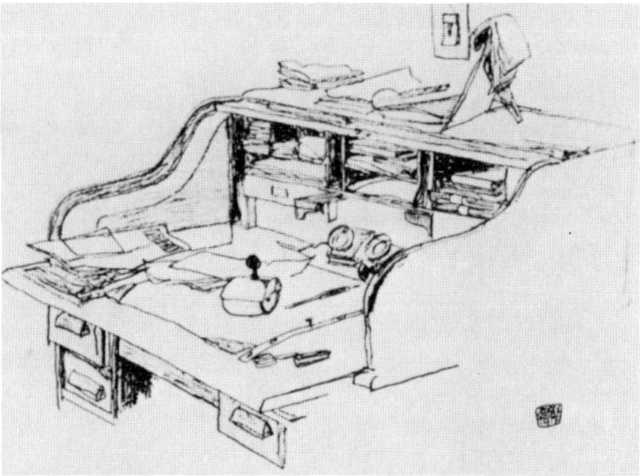

„Bildnis Hofrat Dr. Franz Martin Haberditzl". Öl. 1917. Er hält eine der schönen Sonnenblumen-Zeichnungen Schieles in den Händen (Privatbesitz, Wien).

1917 brachte für Schiele die ungemein wichtige Begegnung mit Hofrat Haberditzl, Direktor der Österreichischen Galerie des 19. Jahrhunderts im Oberen Belvedere. Der hervorragende Museumsbeamte hatte im Unteren Belvedere das Österreichische Barockmuseum ins Leben gerufen. Er erwarb für die Galerie das „Bildnis Edith Schiele" und ließ sich von Schiele zeichnen und malen. Die Abbildung zeigt das Ölbild „Umarmung" von 1917 (Österr. Galerie).

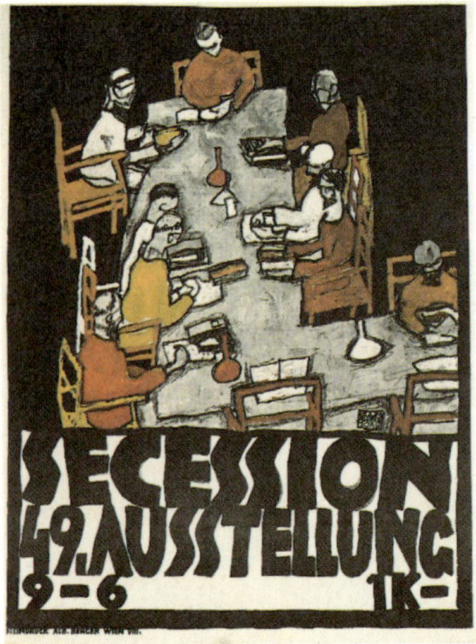

Schiele entwarf das Plakat für die im März 1918 eröffnete 49. Ausstellung der Secession (Innenstadt-Plan Nr. 21; Plakat in der Albertina). Sie wurde zu einem großen Verkaufserfolg für ihn. Er nahm rund 16.000 Kronen ein, die in ihrer Kaufkraft allerdings bereits entwertet waren.

„Die Familie", Öl, 1918, ist Egon Schieles letztes bedeutendes Bild. Der Anlaß dazu war wohl, daß seine Frau ein Kind erwartete. Die Dargestellte trägt aber nicht ihre Züge (Österr. Galerie).

Im August 1918 bezog Schiele – er war nun dem Heeresmuseum Wien zugeteilt und verfügte über sehr viel Freizeit – ein neues, leider feuchtes Atelier, XIII., Wattmanngasse 6. Im alten Hietzinger Atelier wollte er eine Malerschule errichten.
Am 28. Oktober starb Edith Schiele, im 6. Monat schwanger, in der Wattmanngasse an der Spanischen Grippe. Egon Schiele, ebenfalls erkrankt, wurde in die Wohnung seiner Schwiegermutter, XIII., Hietzinger Hauptstraße 114 (oben, siehe auch Plan Seite II/14), gebracht und starb dort am 31. Oktober nachts um 1 Uhr.

Im Auftrag von Freunden Schieles schuf der ungarische Bildhauer Benjamin Ferenczy (1890–1967) im Jahr 1928 einen Grabstein für das Grab am Ober St. Veiter Friedhof (Reihe 10, Grabgruppe B, 15/6).

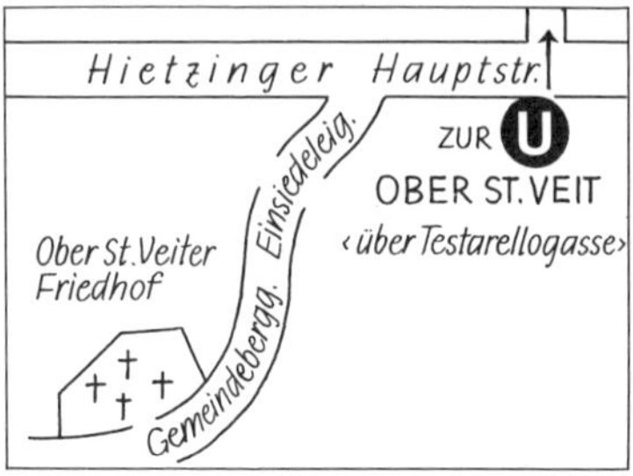

GEMÄLDE:
Österreichische Galerie des 19. und 20. Jahrhunderts (Österr. Galerie), III., Oberes Belvedere (Innenstadt-Plan, Nr. 10). Geöffnet: Di, Mi, Do, Sa 10–16, Fr 10–13, So 9–12 Uhr. Mo geschlossen.

Museum moderner Kunst, Palais Liechtenstein, IX., Fürstengasse 1 (Innenstadt-Plan, Nr. 47). Geöffnet: Mo, Mi, Do, Fr, Sa, So 10–18 Uhr. Di geschlossen.

Neue Galerie am Steiermärkischen Landesmuseum Joanneum, Graz, Sackstraße 16. Geöffnet: Mo, Di, Mi, Do, Fr 10–18, Sa, So 10–13 Uhr.

Neue Galerie der Stadt Linz, Wolfgang-Gurlitt-Museum, Linz, Blütengasse 15. Geöffnet: Mo, Di, Mi, Fr 10–18, Do 10–22, Sa 10–13 Uhr. So geschlossen.

GEMÄLDE UND FRÜHE ZEICHNUNGEN:
Niederösterreichisches Landesmuseum (N. Ö. Lds. Mus.), I., Herrengasse 9 (Innenstadt-Plan Nr. 33). Geöffnet: Di, Mi, Do 9–17, Sa 9–14, So 9–12 Uhr. Mo geschlossen.

Historisches Museum der Stadt Wien (Hist. Mus.), IV., Karlsplatz (Innenstadt-Plan Nr. 15). Geöffnet: Di, Mi, Fr 10–16, Do 10–19, Sa 14–18, So 9–17 Uhr. Mo geschlossen.

ZEICHNUNGEN, BRIEFE UND DOKUMENTE (EGON SCHIELE-ARCHIV MAX WAGNER):
Graphische Sammlung Albertina (Albertina), I., Augustinerstraße 1 (Innenstadt-Plan Nr. 24), Studiensaal. Geöffnet: Mo, Di, Mi, Do 13–16 Uhr. Fr, Sa, So geschlossen.

BRIEFE:
Wiener Stadt- und Landesbibliothek (Stadtbibliothek)., I., Rathaus (Innenstadt-Plan Nr. 30), Handschriftensammlung. Geöffnet: Mo, Di, Mi, Do 9–18.30, Fr 9–16.30 Uhr. Sa, So geschlossen.

EGON SCHIELE-DOKUMENTATIONSZENTRUM UND MUSEUM (im Aufbau):
Internationale Egon Schiele-Gesellschaft, Tulln, N. Ö., Donaulände 72, Bundesschulzentrum. (Eröffnung voraussichtlich 1984/85).

GEDENKSTÄTTE:
Heimatmuseum Hietzing, XIII., Am Platz 2 (siehe Plan Seite II/23). Egon Schiele-Raum. Geöffnet: Sa 14.30–17, So 10–12 Uhr.

GEDENKTAFELN:
XIII., Hietzinger Hauptstraße 101 (siehe Plan Seite II/14 M.), Atelier.
XIII., Hietzinger Hauptstraße 104 (siehe Plan Seite II/14 M.), Sterbehaus.
II., Kurzbauergasse 6 (siehe Plan Seite II/7), Erstes Atelier. (In Auftrag gegeben.)
Tulln, NÖ., Bahnhof, Geburtshaus (siehe Plan Seite II/4).

Literatur:
Kallir, Otto: Egon Schiele. Œuvre-Katalog der Gemälde. Wien 1966.
Kallir, Otto: Egon Schiele. Das druckgraphische Werk, Wien 1970.
Leopold, Rudolf: Egon Schiele. Gemälde, Aquarelle, Zeichnungen. Salzburg 1972.
Nebehay, Christian M.: Egon Schiele. Leben, Briefe, Gedichte. Salzburg 1979.
Nebehay, Christian M.: Egon Schiele. Leben und Werk. Salzburg 1980. (Taschenbuchausgabe dtv 2884. 1983.)

OSKAR KOKOSCHKA
1886–1980

Oskar Kokoschka (Pöchlarn an der Donau 1. 3. 1886–Montreux 22. 2. 1980) hinterließ, als er im Alter von 94 Jahren starb, ein gewaltiges Œuvre: über 400 Ölbilder (großartige Landschaften, hervorragende Portraits), über 500 graphische Arbeiten. In seiner Jugend entwarf er Postkarten und Plakate; führte mit selbstbemalten Lichtbildern ein indisches Märchen vor; dichtete Dramen (die von bedeutenden Komponisten vertont wurden); schrieb eine verschlüsselte Liebesgeschichte, „Die träumenden Knaben"; schuf in späteren Jahren Dekorationen für die Salzburger Festspiele und lehrte dort jahrelang in seiner „Schule des Sehens". Er stand, ungebrochen weiter schaffend, als großer alter Mann im Mittelpunkt des Kunstgeschehens.
In seiner Jugend hatte er es nicht leicht. Sein Vater hatte geschäftlich Schiffbruch erlitten, war unstet und unruhig. Von der Mutter, der er die Gabe des zweiten Gesichts zusprach, dürfte Kokoschka selbst mit Hellsichtigkeit bedacht worden sein. Sein jüngerer Bruder Bohuslav (1892–1976) lebte als Künstler in seinem Schatten; eine Schwester, Bertha, heiratete nach Prag, woher der Vater stammte. Die Familie lebte in Wien in eingeschränkten Verhältnissen, oftmals den Wohnsitz wechselnd. Nach der Volksschule ging Kokoschka auf die Realschule (heute Realgymnasium) XVI., Schuhmeierplatz 7. Eine Zeitlang spielte er mit dem Gedanken, Chemiker zu werden. Sein Zeichenlehrer, Professor Schober, erkannte sein Talent und verhalf ihm zu einem Stipendium an der Kunstgewerbeschule, die er 1904–1909 besuchte. (1911 kehrte er als Assistent an die Kunstgewerbeschule zurück.)
Die ersten zehn Jahre seines Schaffens, 1906–1915, verbrachte Kokoschka in Wien. Er hatte sein Atelier in XIX., Hardtgasse 27. Es war, nach seinen eigenen Worten, schwarz ausgemalt, damit sich die Farben seiner Bilder besser vom Hintergrund abhoben. Dort entstand sein berühmtes Bild „Die Windsbraut", 1914. Wie bei Schiele, gibt es auch bei Kokoschkas Werk eine klare Zäsur – um 1908 ließ er, gleichsam über Nacht, das bisher Erlernte fallen, machte sich von allen Einflüssen frei, die ihn zuvor bestimmt hatten, und fand zu seinem eigenen und neuen Stil. Diese erste Schaffensperiode in Wien zählt zu den künstlerisch wichtigsten seines Lebens und fand mit seiner schweren Kriegsverletzung 1915 ein Ende. In späteren Jahren weilte er nur sporadisch in Wien und malte entweder im Haus seiner Mutter, XVI., Liebhartstalgasse 29 (baulich verändert) oder bei den von ihm Portraitierten.
Sein Verhältnis zu Wien blieb lebenslang getrübt. Wir vermögen die tieferen Ursachen nur schwer zu verstehen. Gewiß, man hat über ihn gespöttelt, und das war vielleicht mehr, als der außerordentlich dünnhäutige und auch nachträgerische Künst-

ler vertrug. Wie aber ist es denn einem Klimt ergangen, dessen Hauptwerke bei jeder Ausstellung mit Hohn übergossen wurden? Das damalige Publikum war nicht reif für Kokoschkas Kunst und ging – weil sie ihm (im Gegensatz zu dem, was Klimt schuf) völlig unverständlich blieb – kopfschüttelnd an ihr vorbei. Aber es war keineswegs so, daß er in Wien nur auf Ablehnung gestoßen wäre. Hatte er doch in Adolf Loos einen verständnisvollen Förderer und lebenslangen Freund gefunden, der ihm auch viele Aufträge verschaffte (ohne daß Kokoschka, wie er selber schreibt, es nötig fand, es ihm zu danken). Und Klimt? Dieser sagte anläßlich der „Kunstschau" von 1908: „Oskar Kokoschka ist das größte Talent der jungen Generation. Und selbst wenn wir in Gefahr liefen, daß unsere Kunstschau demoliert würde, nun, dann geht man eben zugrunde. Aber man hat seine Pflicht getan . . ."

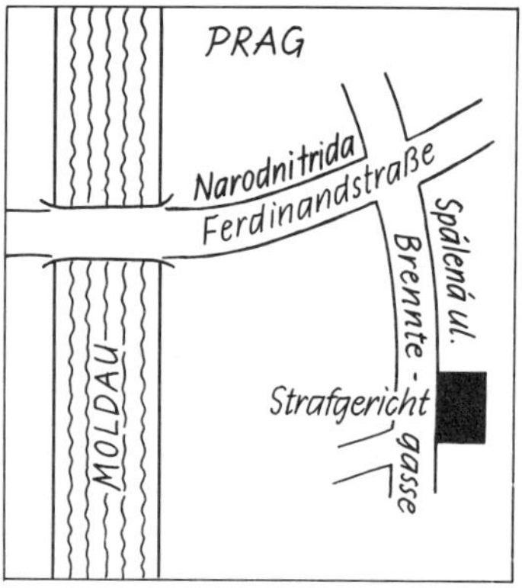

Der Vater Gustav Kokoschka (1840–1923). Photographie.

Der Vater (Prag 5. 1. 1840–Wien 23. 10. 1923) stand Kokoschka nicht besonders nahe. Er hatte im Geschäft seines wohlhabenden Vaters in Prag, Brenntegasse, das Goldschmiedehandwerk erlernt, mußte es aber aufgeben und war als Reisender für eine Juwelenhandlung viel unterwegs. Er schenkte dem Knaben Bücher und eine Laterna magica, an der dieser besonders hing, wurde aber in dem Maße, wie es ihm geschäftlich immer schlechter zu gehen begann, verschlossen und unzugänglich.

Gustav Kokoschka (der Vater des Künstlers). Lithographie. 1918 (Albertina).

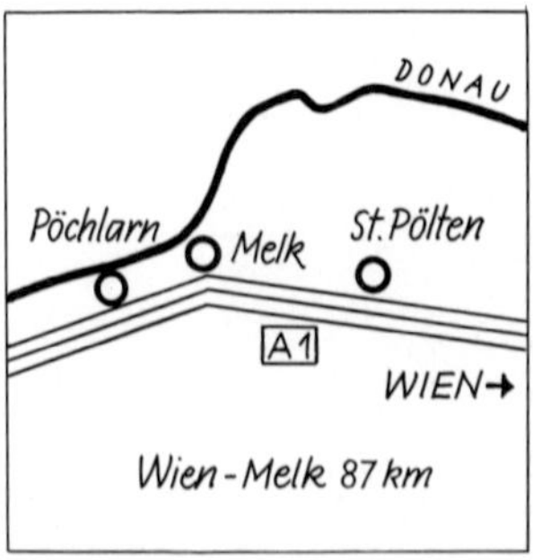

Geburtshaus Oskar Kokoschkas in Pöchlarn, heute der Sitz der Oskar-Kokoschka-Dokumentation.

Das Verhältnis zur Mutter war weit herzlicher. Sie stammte aus der kinderreichen Familie eines Försters und wurde am 27. 9. 1861 in Hollenstein an der Ybbs, NÖ., geboren. Obwohl in Wien lebend, suchte sie zur Geburt ihres Sohnes Oskar das Haus eines ihrer Brüder auf, der Sägewerksbesitzer in Pöchlarn war. Sie starb am 4. 7. 1934 in Wien. Im Geburtshaus des Malers in Pöchlarn, Regensburger Straße 29, befindet sich seit 1973 die der wissenschaftlichen Aufarbeitung von Leben und Werk dienende Oskar-Kokoschka-Dokumentation.

Romana Kokoschka (die Mutter des Künstlers). Kreidelithographie, 1917 (Albertina).

Oskar Kokoschka (stehend, 2. von rechts) im Aktsaal der Kunstgewerbeschule im Kreis seiner Mitschüler. Um 1906.

Kokoschka studierte in den Jahren 1904–1909 an der Kunstgewerbeschule u. a. bei C. O. Czeschka (1878–1960), Bertold Löffler (1874–1960), Erich Mallina (1873–1954), Anton von Kenner (1871–1951).
Seine wichtigsten Lehrer waren Czeschka und – nach dessen Abgang 1907 – dessen Nachfolger Löffler. Zu Kokoschkas Mitschülern gehörten u. a. Franz Karl Delavilla, Josef von Diveky, Urban Janke, Moriz Jung, Karl Schwetz, Fritz Weninger und Rudolf Kalvach, dessen ausgeprägte künstlerische Eigenart Kokoschka anfangs nicht unbeeinflußt ließ. Auf der Kunstgewerbeschule erlebten damals aufgrund der außerordentlichen, der „Moderne" verpflichteten Lehrer vor allem die graphischen Künste eine nie dagewesene Blüte.
Die heute in Hochschule für angewandte Kunst umbenannte Kunstgewerbeschule, I., Oskar-Kokoschka-Platz 2, besitzt in ihrem Archiv wichtige Dokumente und Arbeiten ihrer Schüler, u. a. auch von Kokoschka.

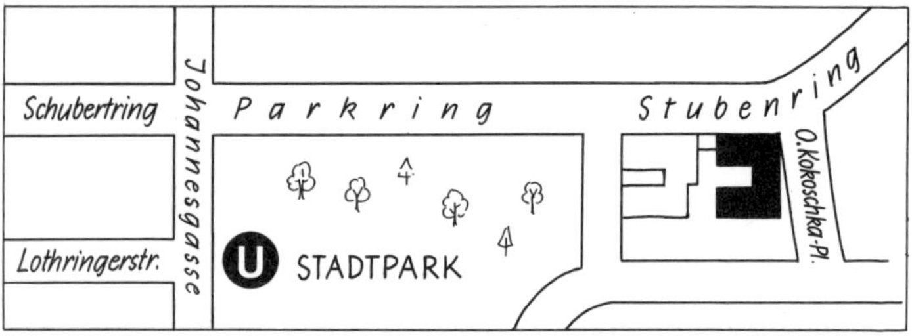

Eine Seite des von Carl Otto Czeschka illustrierten Buches „Die Nibelungen", Wien, Gerlach und Wiedling, 1909. Es ist unzweifelhaft das künstlerisch vollendetste österreichische Jugendbuch seiner Zeit (Hist. Mus.).

Carl Otto Czeschka (Wien 1878–Hamburg 1960), einer der Lehrer Kokoschkas, studierte 1894–1899 unter Christian Griepenkerl (später der gestrenge Lehrer Egon Schieles) an der Akademie. 1902–1907 war er Lehrer an der Kunstgewerbeschule, 1907–1943 Professor an der Kunstgewerbeschule Hamburg. Ein ausgezeichneter Lehrer und hochbegabter Illustrator, Bühnenausstatter und Kunstgewerbler. Entwarf viel für die „Wiener Werkstätte".

Carl Otto Czeschka, Umschlag zum ersten Programm des Cabaret Fledermaus, 1907 (Hist. Mus.).

„Theaterraum des Cabarett Fledermaus" (Innenstadt-Plan Nr. 45), WW-Postkarte Nr. 139. Nach einem Entwurf von Josef Hoffmann (Mus. f. angew. Kunst).

Kokoschka war auch Mitarbeiter am legendären Cabaret Fledermaus, I., Kärntner Straße 33/Ecke Johannesgasse (nicht erhalten): „... Einmal wurde ein indisches Märchen, ‚Das getupfte Ei' (in Lichtbildern), von Oskar Kokoschka gegeben ... Der Apparat, von den zitternden Fingern des Künstlers selbst geleitet, funktionierte nur stockend und die Leute begannen zu lachen, zu witzeln und zu schimpfen. Es war so ein Mißerfolg." (Max Mell)

Kokoschka, „Hirsch, Fuchs und Hirte". Farblithographie zu seinem Märchenspiel „Das getupfte Ei". Illustration im 1. Programmheft des Cabaret Fledermaus, 1907 (Hist. Mus.).

Kokoschkas erste Dichtung, von ihm selbst illustriert, erschien 1908 im Verlag der „Wiener Werkstätte“ (Hist. Mus.). Er schuf dafür Tuschzeichnungen, die vermutlich vor Drucklegung flächig koloriert und danach auf die Steine übertragen wurden. Die Auflage betrug 500 Exemplare, die sich aber schlecht verkauften, so daß die Restauflage 1917 an den Kurt Wolff Verlag, Leipzig, verkauft wurde, der 275 Exemplare übernahm. Ursprünglich wollte die „Wiener Werkstätte“, daß es ein Kinderbuch werde. Jedoch dichtete Kokoschka einen schwer verständlichen Text, der seine Liebe zur Norwegerin Li zum Inhalt hat. Seine Zeichnungen ergänzen den Text, sind aber keine eigentlichen Textillustrationen. Die Dichtung wurde 1973 von Gottfried von Einem vertont.

1907 wurde die erste gedruckte Arbeit Kokoschkas – der Bilderbogen „Der Affe und der Papagei" – von der WW verlegt und erschien innerhalb einer Folge von 18, von weiteren WW-Mitarbeitern stammenden Farblithographien.

1907–1908 schuf Kokoschka 15 farbige Postkarten (links WW-Karte Nr. 55, rechts Nr. 79) für die „Wiener Werkstätte", deren Bestreben es war, jedes nur mögliche Gebiet künstlerischer Aussage neu zu beleben. Insgesamt erschienen mehr als 1000 Postkarten der WW; davon sind 15 von Kokoschka, drei von Schiele.

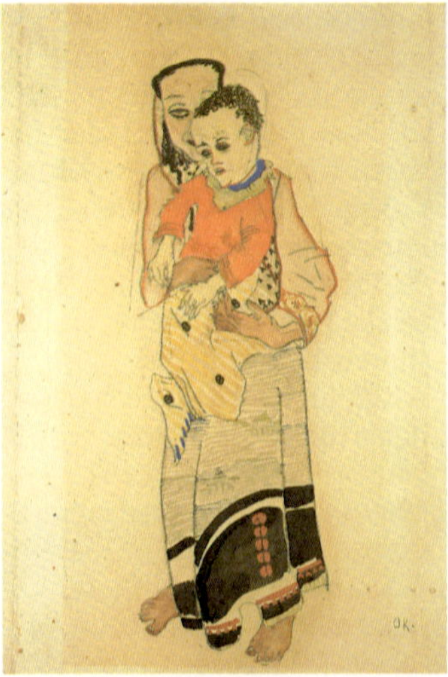

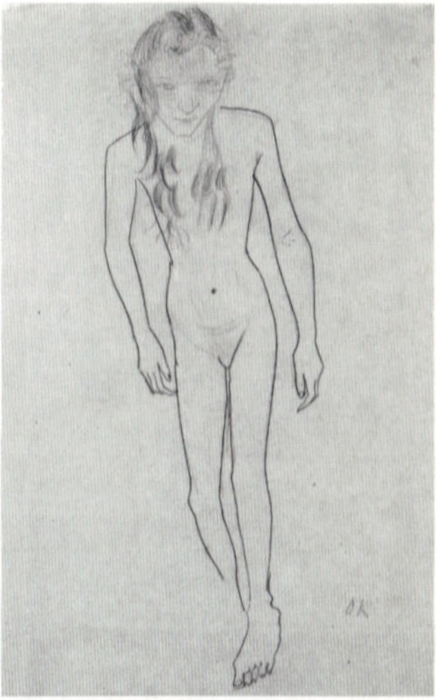

Links: Mutter mit Kind. Um 1909 (Hist. Mus.).
Rechts: Mädchen mit langen Haaren. Um 1908.

Die frühen – meist aquarellierten – Zeichnungen Kokoschkas zeigen deutlich den Einfluß des von der Secession in Wien präsentierten belgischen Bildhauers George Minne (1866–1941). Sie dokumentieren auch die Loslösung vom Bunt-Dekorativen der Arbeiten für die „Wiener Werkstätte". 1907/08 gelang Kokoschka der Durchbruch zum eigenen Stil.

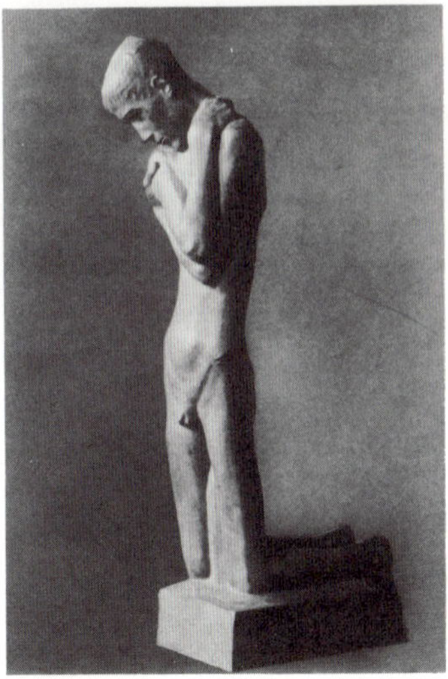

Der Brunnen mit fünf knienden Knabenfiguren (eine davon im Museum moderner Kunst, Innenstadt-Plan Nr. 47), den Minne 1898 schuf, war nicht nur von großem Einfluß auf Kokoschka, sondern auch auf Schiele. Minne gehörte wie der Schweizer Maler Ferdinand Hodler (1853–1918) zu jenen Künstlern, denen die Wiener Secession zu europäischer Geltung verhalf.

Kokoschkas erste Ausstellung fand 1908 im Rahmen der legendären Kunstschau statt, die von der 1905 aus der Secession ausgetretenen „Klimt-Gruppe“ in einem temporären Ausstellungsbau auf den Gründen des heutigen Konzerthauses veranstaltet wurde (Innenstadt-Plan Nr. 8). Er schuf für die Kunstschau das nebenstehende Plakat (Hist. Mus.).

1909 kam es zu einer neuerlichen Kunstschau. Im Gartentheater wurde Kokoschkas Drama „Mörder Hoffnung der Frauen“ uraufgeführt (1921 von Paul Hindemith vertont). Rechts unten: Plakat Kokoschkas für die Aufführung seines Dramas (Hist. Mus.). Herwarth Walden lud Kokoschka 1910 nach Berlin ein und veröffentlichte die Zeichnung gemeinsam mit dem Text des Dramas in „Der Sturm“.

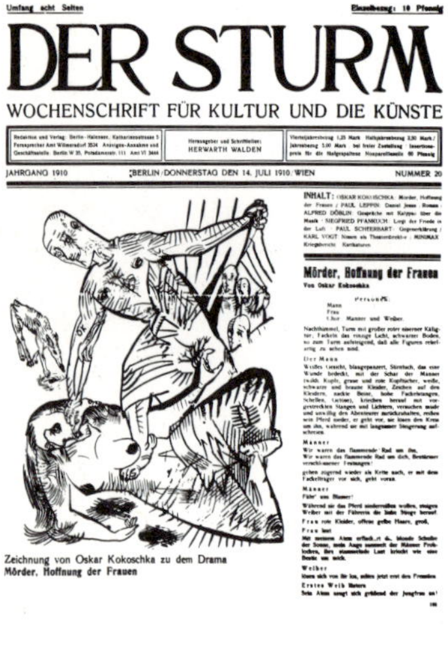

Der Schauspieler Ernst Reinhold war Hauptdarsteller und Regisseur der Aufführung von Kokoschkas Drama „Mörder Hoffnung der Frauen“. Kokoschka gab dem Portrait Reinholds (1908, Musées Royaux des Beaux Arts, Brüssel) den Namen „Der Trancespieler“, „. . . weil ich mir manches über ihn dachte, was ich in Worten nicht ausdrücken kann . . .“

Kokoschka, neben ihm rechts stehend Ernst Reinhold. Sitzend: der Maler und Graphiker Max Oppenheimer, Künstlername: „Mopp“ (1885– 1954), der eine Zeitlang mit Egon Schiele befreundet war. Photographie. Um 1910 (Hist. Mus.).

„Der Rentmeister" (vermutlich ein Wiener Schätzmeister). Um 1911 (Österr. Galerie).

„Alter Mann" (Vater Hirsch). Entstanden 1906 unter dem Einfluß einer van-Gogh-Ausstellung in Wien (Neue Galerie, Linz).

Bereits in seinen frühen Portraits erweist sich der 21jährige von souveräner Meisterschaft. Hinter der Alltagsfassade tritt der Mensch hervor mit seinen Ängsten und seiner Versehrtheit.

„Portrait Adolf Loos". 1909 (Nationalgalerie, Berlin).

Die Bekanntschaft mit dem Architekten Adolf Loos (1870–1933), dem kompromißlosen Vorkämpfer einer neuen, auf jedes Ornament verzichtenden Bauweise, war für Kokoschka von entscheidender Bedeutung; denn Loos war es, der ihn dem Kreis der „Wiener Werkstätte" entzog, ihm Aufträge verschaffte und ihn 1910 bewog, nach Berlin zu gehen. Loos besaß, wenn auch nicht auf einmal und manches Bild nur zeitweise, neben einer Reihe von Zeichnungen nicht weniger als 26 Portraitarbeiten Kokoschkas, der in der Wahl seiner Modelle eine seltsame Neigung zur Nachtseite der menschlichen Existenz zeigte.
Loos stellte auch die – für Kokoschka sehr wichtigen – Verbindungen zum „Akademischen Verband für Literatur und Musik in Wien" und zum Kreis um Eugenie Schwarzwald her, in deren Privatschule Kokoschka auch kurze Zeit als Zeichenlehrer wirkte.

Peter Altenberg (eigentlich: Richard Engländer), 1859–1919. Meister der impressionistischen Prosa-Kleinkunst, Bohemien, mit dem Loos viele Nächte in Wiener Bars verbrachte. 1909 (Privatbesitz, New York).

Die untenstehende Abbildung zeigt am mittleren Tisch Kokoschka (links), den Schriftsteller und Kulturhistoriker Egon Friedell (1878–1938, Mitte) und Peter Altenberg (rechts) auf dem Semmering, einem auch von Adolf Loos und vielen anderen Wiener Künstlern bevorzugten Sommerfrischort im Süden Wiens.

Portrait Karl Kraus. Tusche, Feder und Pinsel. Um 1909 (Privatbesitz, Schweiz).

Karl Kraus (1874–1936), Schriftsteller, seit 1899 Herausgeber der polemischen Zeitschrift „Die Fackel". Seine Sprachkunst und sein Wortwitz machten ihn zu einem der größten Satiriker der deutschen Sprache.
Karl Kraus war mit Adolf Loos befreundet. Er war der Wiederentdecker Johann Nestroys und setzte sich für Peter Altenberg, Else Lasker-Schüler, Georg Trakl, Arnold Schönberg ein. Auch zu Kokoschka bestand ein freundschaftliches Verhältnis.

D'Ora (Dora Kallmus). Portrait Karl Kraus. Photographie. 1908.

„Stilleben mit Hammel und Hyacinthe". 1909 (Österr. Galerie). In seiner Autobiographie berichtet Kokoschka, daß er beauftragt war, den Sohn des Kunstsammlers Dr. Oskar Reichel zu malen („Knabe mit erhobener Hand", 1909). Er entdeckte in der Küche das abgezogene Lamm und malte es, samt dem Aquarium des Knaben.

„Dents du Midi" (von Leysin aus gemalt, wohin ihn Loos mitgenommen hatte). 1909/10 (Privatbesitz, Zürich). Das Bild steht am Beginn seiner großartigen Landschaften.

1912–1914 hatte Kokoschka eine stürmische Liebesbeziehung zu Alma Mahler (1879–1964). Gleichsam als Abgesang dieser großen Leidenschaft ist „Die Windsbraut", 1914 (Kunstmuseum, Basel) zu verstehen. Den Titel ersann der Dichter Georg Trakl (1887–1914) anläßlich eines Besuches von Kokoschkas „schwarzem" Atelier.

Alma Mahler, mit Schmuck von Kolo Moser, Wien 1904. Sie war die Tochter des Malers Emil Schindler, Stieftochter von Carl Moll; verheiratet mit Gustav Mahler, Walter Gropius und Franz Werfel. Eine aufkeimende Liebe zu Gustav Klimt wurde von Moll hintertrieben.

Carl Moll (1861–1945), Maler, Stiefvater von Alma Mahler-Werfel. 1913/14 (Österr. Galerie).
Ein kultivierter Maler, war er eine der maßgebenden Persönlichkeiten im Kunstleben Wiens, vor allem als Arrangeur bedeutender Ausstellungen. 1897 Gründungsmitglied der Secession. Seine Tätigkeit für die Galerie Miethke gab 1905 den Anlaß zum Austritt der Klimt-Gruppe. Josef Hoffmann baute zwei Häuser für ihn. 1945, vor dem Einmarsch der Russen, vergiftete er sich, gemeinsam mit seiner Tochter Marie und seinem Schwiegersohn.

Kokoschka wird sich ab 1913 der (auch kommerziellen) Wirkungsmöglichkeiten der Lithographie bewußt und zieht in den Zyklen „Die chinesische Mauer" (1913), „Der gefesselte Kolumbus" (1913) und „O Ewigkeit – Du Donnerwort" (1914) die Summe der graphischen Ausdrucksmöglichkeiten, die er sich bis zu diesem Zeitpunkt erarbeitet hat.

Links oben: „Am Spinnrad", eine der acht Kreidelithographien zu Karl Kraus' Dichtung „Die chinesische Mauer", 1914.

Rechts oben: „Der Apfel der Eva", eine der zwölf Kreidelithographien zu Kokoschkas Dichtung „Der gefesselte Kolumbus". Alma Mahler diente als Modell, 1916–1921.

Links: „Selbstbildnis (Brustbild mit Zeichenstift)", eine der elf Kreidelithographien zum Zyklus „O Ewigkeit – Du Donnerwort" (zur Kantate des J. S. Bach), 1916–1918.

Oskar Kokoschka als Kriegsfreiwilliger im k. u. k. Dragoner-Regiment Nr. 15, 1915 (Hist. Mus.). Loos hatte durchgesetzt, daß sein Schützling in einem der vornehmsten Regimenter der Monarchie diente. Er war der einzige unter den bedeutenden Künstlern Österreichs, der an die Front kam. Am 29. August 1915 wurde er schwer verwundet. Ein in den Schädel eingedrungenes Infanteriegeschoß wurde im Notspital im Palais Palffy, I., Josefsplatz, entfernt. Es befindet sich im Kokoschka-Dokumentationszentrum, Pöchlarn. Kokoschka laborierte lange Zeit an den Folgen seiner Kriegsverletzung. Die glanzvolle Jugendzeit in Wien war abgeschlossen.

Wien, vom Wilhelminenberg gesehen. 1931 (Hist. Mus.).

1917 ging Kokoschka von Wien nach Dresden. Von da an hielt er sich nur noch vorübergehend in Wien auf. 1931 kehrte er für einen Sommer in das Haus seiner Mutter im Liebhartstal zurück. Er erhielt von der Stadtverwaltung den Auftrag, eine Wiener Ansicht zu malen, und wählte das Motiv, das sich vom Wilhelminenberg aus bietet (oben). Im Schloß war damals ein Kinderheim der Stadt Wien untergebracht – eine Herausforderung für Kokoschka: „Es war mein erstes Bild mit politischer Einstellung", schrieb er darüber. Bemerkenswerterweise hatte die Gemeinde zunächst Bedenken, das Bild anzunehmen.
1956 malte Kokoschka, inzwischen weltberühmt geworden, die Wiener Oper, die im Oktober 1955 wiedereröffnet worden war (unten).
Die endgültige Aussöhnung des Malers mit Wien brachte die große Kokoschka-Retrospektive in der Österreichischen Galerie zum Anlaß des 85. Geburtstags.

Die Wiener Staatsoper. 1956 (Österr. Galerie).

GEMÄLDE:
Österreichische Galerie des 19. und 20. Jahrhunderts (Österr. Galerie), III., Oberes Belvedere (Innenstadt-Plan Nr. 10). Geöffnet: Di, Mi, Do, Sa 10–16, Fr 10–13, So 9–12 Uhr. Mo geschlossen.

Historisches Museum der Stadt Wien (Hist. Mus.), IV., Karlsplatz (Innenstadt-Plan Nr. 15). Geöffnet: Di, Mi, Fr 10–16, Do 10–19, Sa 14–18, So 9–17 Uhr. Mo geschlossen.

Museum moderner Kunst, Palais Liechtenstein, IX., Fürstengasse 1 (Innenstadt-Plan Nr. 47). Geöffnet: Mo, Mi, Do, Fr, Sa, So 10–18 Uhr. Di geschlossen.

Neue Galerie der Stadt Linz, Wolfgang-Gurlitt-Museum, Linz, Blütenstraße 15. Geöffnet: Mo, Di, Mi, Fr 10–18, Do 10–22, Sa 10–13 Uhr. So geschlossen.

GRAPHIK, ZEICHNUNGEN:
Graphische Sammlung Albertina (Albertina), I., Augustinerstraße 1 (Innenstadt-Plan Nr. 24), Studiensaal. Geöffnet: Mo, Di, Mi, Do 13–16 Uhr. Fr, Sa, So geschlossen.

GRAPHIK, PHOTOGRAPHIEN, PLAKATE, ZEICHNUNGEN:
Historisches Museum der Stadt Wien (siehe oben).

Hochschule für angewandte Kunst (früher: Kunstgewerbeschule), I., Oskar-Kokoschka-Platz 2 (Innenstadt-Plan Nr. 2). Bibliothek und Archiv. Geöffnet: Mo–Fr 9–16 Uhr.

Salzburger Landessammlung Rupertinum (Rupertinum), Salzburg, Wiener Philharmonikerstraße 9, Stiftung Friedrich Welz. Geöffnet: täglich 10–17 Uhr.

DOKUMENTATION:
Oskar-Kokoschka-Dokumentation, Pöchlarn, NÖ., Regensburger Straße 29. Im Sommer Ausstellungen: Mi, Do, Fr, Sa, So 10–12, 14–17 Uhr. Auskunft: Johann Winkler, Tel. Wien (0 22 2) 43 00/26 98.

Literatur:
Der frühe Kokoschka. Ausstellungskatalog. Hist. Mus. d. Stadt Wien, 1982.
Kokoschka, Oskar: Mein Leben. München 1973.
Schweiger, Werner J.: Wiener Werkstätte. Kunst und Handwerk 1903–1932. Wien 1982.
Schweiger, Werner J.: Der junge Kokoschka. Leben und Werk. 1904–1914. Wien 1983.
Wingler, Hans M.: Oskar Kokoschka. Das Werk. Salzburg 1951.
Wingler, Hans M.– Welz, Friedrich: Oskar Kokoschka. Das graphische Werk. Salzburg 1975.

Unten: Oskar Kokoschka. Diarium für Jäger. 1907.

OTTO WAGNER

1841–1918

„Artis sola domina necessitas"
(Nur eine Herrin kennt die Kunst, die Notwendigkeit)
Leitspruch Gustav Sempers, von Otto Wagner übernommen.

Otto Wagner (13. 7. 1841 – Wien –10. 4. 1918), Sohn des k. k. Hofkanzlisten und beeideten Notars in der Ungarischen Hofkanzlei Rudolf Simeon Wagner (Preßburg 1802–Wien 1846), stammte aus gutbürgerlichem Haus. Nach dem Akademischen Gymnasium in Wien und dem Internat der Benediktiner in Melk besuchte er 1857–59 das Wiener Polytechnische Institut (heute: Technische Universität) und 1860–61 die königliche Bauakademie in Berlin; danach 1861–63 die Wiener Akademie unter van der Nüll und Sicardsburg. Im Anschluß arbeitete er ein Jahr im Atelier des damals schon verstorbenen Ringstraßenplaners Ludwig v. Förster (1797–1863).
Wagner war der Grandseigneur unter den Wiener Architekten jener Jahre. Noch tief im 19. Jahrhundert wurzelnd, verstand er es, seinen Blick dem Neuen zuzuwenden. Der Wandel des Äußeren seiner Bauten führt vom Historismus über den Secessionsstil zur modernen Sachlichkeit. Seine Gebäude sind sämtlich zweckentsprechend, die meisten vorbildlich. Er war aufgeschlossen gegenüber der Verwendung moderner Baumethoden (Stahlskelettbau), für neues Material (Majolikahaus, dünne Marmorplatten für die Fassade der Postsparkasse); verwendete Aluminium für den plastischen Schmuck seiner Gebäude (Postsparkasse, Kirche am Steinhof); schuf Geschäftshäuser mit vorgesetzten Verglasungen im Parterre und im Mezzanin (Anker-Haus, 1895). Er war ein kühner Unternehmer und stets sein eigener Bauherr. Er erwarb große Baugründe und errichtete dort zumeist mehrere Gebäude. Viele seiner frühesten Bauten blieben unbekannt, weil er keine Aufzeichnungen führte; manches ist zerstört, viel Großes und Bedeutendes unausgeführt: Neubau der Akademie der bildenden Künste, 1898; Umbau der Kapuzinerkirche, 1898; Stadtmuseum, 1901–1914; Ringstraßenhotel, 1910; Universitätsbibliothek, 1914 etc. Der Ausbruch des Ersten Weltkriegs verhinderte seine Tätigkeit als Stadtplaner von Sydney. Ein von Berta Zuckerkandl überlieferter Ausspruch Gustav Klimts zu Otto Wagner war: „Du wirst die Mauern nicht bauen dürfen, auf welche ich meine Fresken nicht werde malen dürfen." Er war 1899 der Wiener Secession beigetreten und blieb dem Kreis um Klimt bis zu seinem Tode verbunden; er förderte auch den jungen Egon Schiele.
Beinahe alle bedeutenden Wiener Architekten waren seine Schüler an der Wiener Akademie, wo er als Nachfolger Hasenauers 1884–1913 lehrte: Joseph Maria Olbrich, Josef Hoffmann („Wir, die wir das Glück hatten, an seiner Seite zu stehen, die in

ihm den verehrten Meister und Wegweiser, oft auch Freund besaßen, danken ihm vor allem für die zahllosen Anregungen"), Jan Kôtera (Gründer des tschechischen Werkbundes), Josef Plečnik, Marcel Kammerer, Otto Schönthal, Emil Hoppe, Ernst Lichtblau, Max Fabiani, um nur einige zu nennen.
In erster Ehe mit Josefine Domhart verheiratet, ließ sich Otto Wagner 1880 scheiden und ehelichte 1881 die junge Luise Stiffel (1859–1915), mit der er 34 Jahre in glücklicher Ehe verbrachte.

Unten: Otto Wagner mit seinen Mitarbeitern, um 1898: J. M. Olbrich (erster von links), J. Plečnik (zweiter von rechts), dahinter J. Hoffmann.

Die Fassade des Hauses I., Stadiongasse 10, 1881, ein Frühwerk Wagners, steht noch völlig unter dem Einfluß historisierender Architektur, hier der italienischen Renaissance.

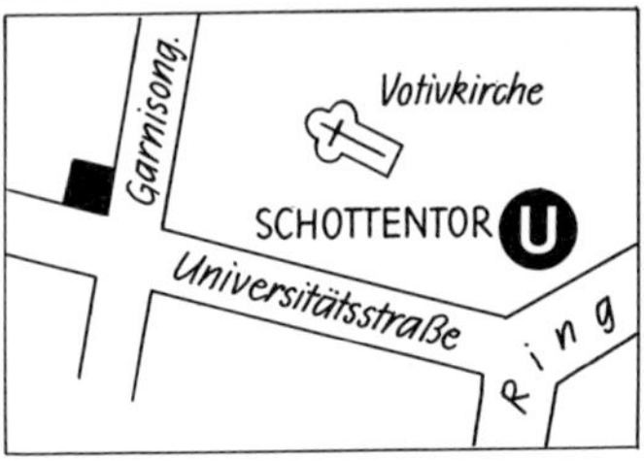

Das Miethaus, I., Universitätsstraße 12, weist eine für Otto Wagner charakteristische Dachform und, nahe dem oberen Gesims, bereits auflokkernde Dekoration auf.

In den Jahren 1886–88 erbaute sich Wagner in XIII., Hüttelbergstraße 26 eine prunkvolle Villa, etwas abgelegen und nicht leicht erreichbar, auf einem abfallenden, waldigen Grund, sehr im Schatten gelegen. Die linke Pergola wurde 1900 zum Atelier ausgebaut, die rechte 1895 zum Wohnraum. Wagner verkaufte die Villa an den Varietédirektor Ben Tieber, Besitzer des Etablissements Ronacher. Heute ist sie im Besitz des Malers Ernst Fuchs.

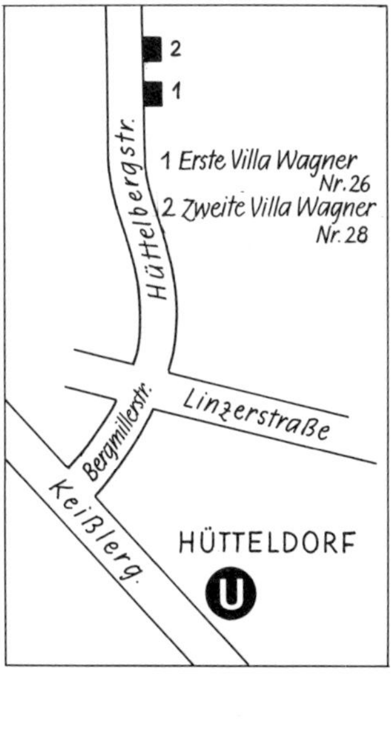

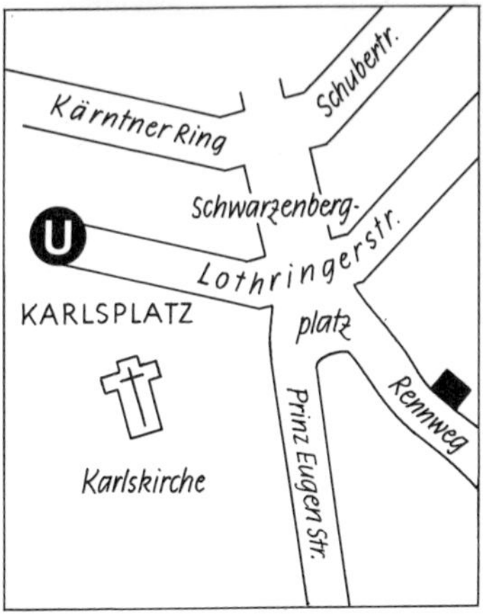

1890/91 baute sich Otto Wagner am Rennweg 1 sein „Stadtpalais", mit seiner reich dekorierten Fassade ein Juwel dieser Zeit. Sein Atelier befand sich in den Parterreräumen. Später an Gräfin Hoyos verkauft, dient es heute der jugoslawischen Botschaft in Wien. Auch das Nebenhaus, Rennweg 3, ist von ihm erbaut.

Um den Donaukanal auch bei Niedrigwasser benützen zu können (es war geplant, ihn als Winterhafen zu verwenden) und ihn eisfrei zu halten, baute die Donau-Regulierungskommission 1894–1908 Schleusenanlagen. Wagner war künstlerischer Beirat. Er baute das Verwaltungsgebäude um, das Wehr in Nußdorf, 1894/98 *(oben)* und *(unten)* das baulich ungemein reizvolle „Schützenhaus der Staustufe Kaiserbad" (am linken Ufer in der Höhe der U-Bahn-Station „Schottenring"), 1906/07. Da die Staustufe nie in Funktion trat, wurde der gesamte, sinnvoll erdachte Apparat (Wehrkran etc.) demontiert. Heute steht das zweckentfremdete Gebäude, ein beachtliches Beispiel für Wagners Spätstil, unbenutzt.

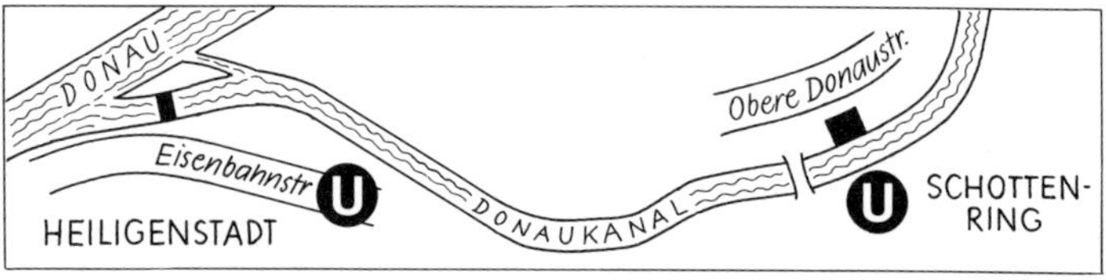

Die Wiental-Brücke zwischen den U-Bahn-Stationen Gumpendorfer Straße und Meidlinger Hauptstraße.

Ein Gesetz des Jahres 1892 bestimmte, die Umgestaltung des Donaukanals, die Regulierung des Wienflusses und den Stadtbahnbau gleichzeitig in Angriff zu nehmen. Die „Stadtbahn" war dampfbetrieben. Bei dem Bau mußte man den Forderungen des Militärs nach einer Verbindung aller Kopfbahnhöfe nachkommen. Die heutige U-Bahn umfaßt nur einen Teil der damaligen Anlage; „Vorortelinie" und „Verbindungsbahn" sind seit dem Ersten Weltkrieg eingestellt. Das Stadtbahnnetz umging im Bogen die Innere Stadt. Direkte Züge führten in die weitere Umgebung, was heute nicht mehr möglich ist.
Wagner baute für die „Stadtbahn" (Netz 40 Kilometer) 36 Stationsgebäude, alle Brücken (oben: Wiental-Brücke), Einschnitte und Galerien. Nach den Worten Josef Hoffmanns „die einzige ihrer Art, die eine Stadt nicht verunstaltet, sondern eine Reihe reizendster Stadtbilder geschaffen hat . . ." Heute ist die Stadtbahn in das Wiener U-Bahn-Netz einbezogen; auf Grund der neuen Erfordernisse wurden viele Stationen Wagners abgetragen oder sind in schlechtem Zustand. Manche (z. B. die Station „Stadtpark") wurden im Zuge des U-Bahn-Baus renoviert.

Für den kaiserlichen Hof wurde vor dem Schloß Schönbrunn, XIII., Schönbrunner Schloßstraße, eine eigene Station mit betont prunkvoller Außen- und Innenausstattung (unten: Teppich im Hofwartesalon) errichtet. Heute leider in beklagenswertem Zustand.

Die beiden zierlichen Stationsgebäude „Karlsplatz" wurden anläßlich der Neuregulierung des Karlsplatzes sorgfältig restauriert und dienen als Otto-Wagner-Museum und als Kaffeehaus (Innenstadt-Plan Nr. 17). In ihrer ornamentalen Pracht stellen sie selbst die Gebäude der Pariser Metro in den Schatten. Unten: Eingang zur U-Bahn-Station Stadtpark (Innenstadt-Plan Nr. 7).

Haus der Versicherungsgesellschaft „Der Anker“, I., Ecke Graben 10/Spiegelgasse 2, erbaut 1895 (Innenstadt-Plan Nr. 39). Der verglaste Dachaufbau, ursprünglich als Atelier Wagners gedacht, später als Photoatelier bezeichnet, ist heute Atelier des Malers Hundertwasser.
Wichtig die Einbeziehung des Hochparterres für Geschäftsräume und die scharfe Trennung von dem darüberliegenden Wohnbereich, ein Gedanke, den später Adolf Loos für das Haus auf dem Michaelerplatz aufgriff.

Wagner ließ fast immer mehrere Häuser nebeneinander entstehen, so auch im Fall der beiden Miethäuser VI., Linke Wienzeile 38 und 40. 1898/99 erbaut, heute liebevoll restauriert, zählen sie zu den bemerkenswertesten Jugendstilbauten Wiens. Im linken Haus brachte Wagner eine praktisch unzerstörbare Fassade an („Majolikahaus“).

Diese während des Baues entstandene Aufnahme zeigt am besten die phantastische Gestaltung der Fassade des „Majolikahauses" mit all ihren interessanten Details. Noch sind die Fenster nicht eingehängt, noch ist das Baugerüst nicht gänzlich entfernt. Rechts das bereits fertiggestellte Haus Nr. 38.

Stiegenhaus und Liftumkleidung des Hauses Linke Wienzeile 40 (oben). Der Eingang des Hauses Linke Wienzeile 38 befindet sich in der Köstlergasse 1 (unten).

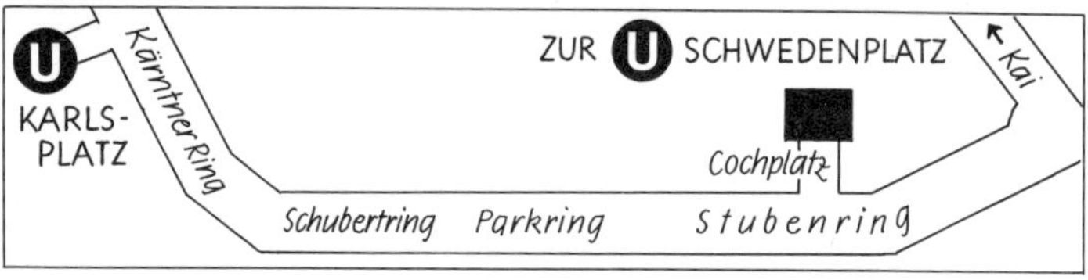

Mit seinem Entwurf für den Bau der k. k. österreichischen Postsparkasse blieb Otto Wagner unter 36 Mitbewerbern siegreich und schuf mit dem 1904–06, bzw. 1910–12 (zweite Baustufe) fertiggestellten Gebäude ein Paradestück moderner Architektur, ein Musterbeispiel eines wohldurchdachten, in allen Details funktionellen Bauwerks. Der Kassensaal und weitere Teile des Gebäudes wurden 1975 einer Restaurierung unterzogen.
Wagner überraschte mit einer Fassade, die durch dünne, mittels Bolzen befestigte Platten aus Sterzinger Marmor gestaltet wurde. Für den Schmuck des Gebäudes wurde Aluminium verwendet. Eine Warmluftheizung, heute nicht mehr in Betrieb, sah die Verteilung von Warmluft mittels Ausbläsern, ebenfalls aus Aluminium, vor. Sie erregten seinerzeit besonderes Aufsehen. Die Büroräume waren durch verschiebbare Wände dem jeweiligen Bedarf leicht anzupassen; die Inneneinrichtung wurde ebenfalls von Wagner einheitlich für das ganze Gebäude entworfen.

Sitzungssaal. Portrait Kaiser Franz Josephs I. von Wilhelm List (1864–1918), Maler und Graphiker, Mitgründer der Secession.

Man beachte das von Otto Wagner entworfene Mobiliar. Auch der unten abgebildete Hocker steht heute noch in Verwendung.

Oben: Blick in den Kassensaal.
Unten: Ein Warmluftausbläser des Kassensaales (Aluminium).

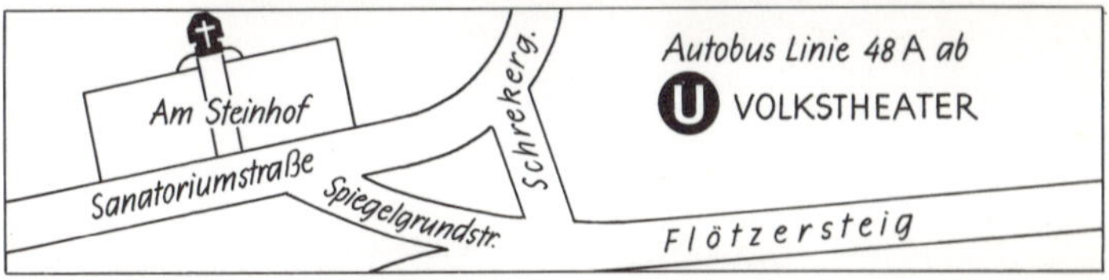

Otto Wagner hatte sich 1902 an einem Wettbewerb für die Ausgestaltung der Niederösterreichischen Landes-Heil- und Pflegeanstalt Am Steinhof beteiligt, die in der Folge von der Stadt Wien übernommen wurde. Sein Gesamtlageplan wurde berücksichtigt, jedoch die Ausführung der einzelnen Pavillons ihm nicht übertragen. Hingegen schuf er die berühmte Kirche, die über der Westeinfahrt von Wien dominiert und zu seinem internationalen Ruhm beigetragen hat. Kirche und Irrenanstalt wurden 1905–07 erbaut. Die Kirche war für ruhige Patienten bestimmt, die Bänke so bemessen, daß das Pflegepersonal leicht eingreifen konnte. Die Glasfenster sind nach Entwürfen von Kolo Moser (1868–1918) gestaltet. Das berühmte Dach der Kuppel besteht aus Kupferplatten, die ursprünglich vergoldet waren.

Blick vom Chor auf den Hochaltar. Der Mosaikschmuck in Keramik, Marmor, Email und Glas nach Entwürfen von Remigius Geyling (1878–1974) wurde erst 1913 fertiggestellt.

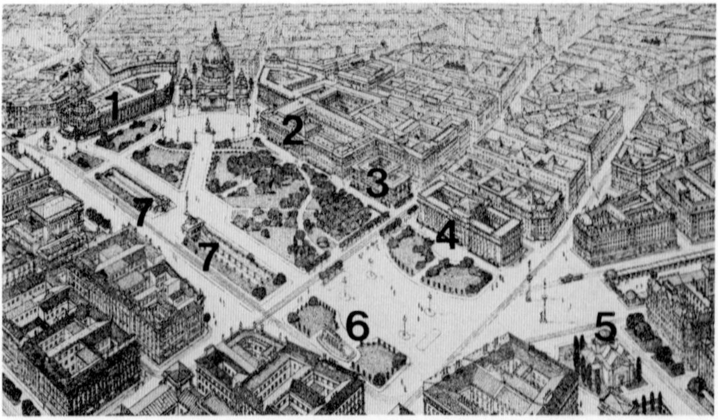

Oben: Wagners Idee einer Gestaltung des Karlsplatzes. 1909. 1 Kaiser-Franz-Joseph-Museum (Museum der Stadt Wien, Projekt) – 2 Technische Hochschule – 3 Evangelische Schule – 4 Warenhaus (Projekt) – 5 Gebäude der Secession – 6 Monumentalbrunnen (Projekt) – 7 Haltestelle Karlsplatz.

Dreizehn Jahre lang kämpfte Wagner vergeblich für sein Projekt „Stadtmuseum“. Zuerst unterlag er gegen den vom Künstlerhaus geförderten Friedrich Schachner (1841–1907). Dann brachte Graf Karl Lanckorónski (1848–1933), Mäzen und Kunstsammler, unversöhnlicher Gegner alles Modernen, durch eine Unterschriftenaktion Wagners Projekt zu Fall. Das vierte Projekt (auf der Schmelz, 15. Bezirk) kam wegen des Kriegsausbruches 1914 nicht zur Ausführung.

Oben: „Stiftung Heilstätte für Lupuskranke", Eingangspartie. 1910–13. Heute Pavillon 24 des Wilhelminenspitals, XVI., Montleartstraße 37.

Sowohl die „Lupusheilstätte" als auch die 1912–13 errichtete zweite Villa Wagner (unten), XIII., Hüttelbergstraße 28 (siehe Plan S. IV/6) weisen Merkmale von Wagners Spätstil auf: glatte Flächen, geringe Ornamentik.

Miethaus VII., Döblergasse 4, neben dem Haus Neustiftgasse 40, beide von Wagner 1909–12 erbaut. Im Haus Döblergasse 4 befanden sich Otto Wagners Wohnung und sein letztes Atelier.

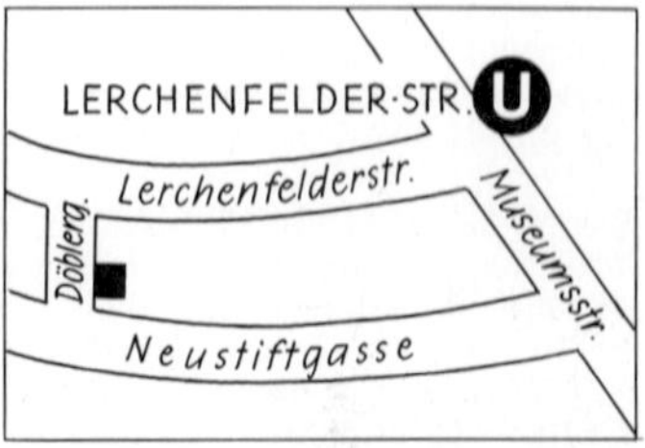

Otto Wagners Wohnung VII., Döblergasse 4. Im Gegensatz zu seinen späten Fassaden blieb Wagner in der Raumausstattung einem überladenen Stil verbunden. Die Wohnung ist erhalten. Beschädigtes oder Fehlendes (Beschläge, Türverglasungen und Beleuchtungskörper) wurden ergänzt. Vom Mobiliar blieben allerdings nur Reste. Es wurde hier eine Otto-Wagner-Gedenkstätte eingerichtet.

Unten: Wagners Speisezimmer. Photographie. 1913.

BAUTEN (siehe auch im Text):
Österreichische Postsparkasse, I., Georg-Coch-Platz 2 (Innenstadt-Plan Nr. 1), Kassensaal. Besichtigung: Mo, Di, Mi, Fr 8–15, Do 8–17.30 Uhr. Sa, So geschlossen

Kirche am Steinhof. Psychiatrisches Krankenhaus der Stadt Wien, XIV., Baumgartner Höhe (siehe Plan S. IV/19). Besichtigung nach Vereinbarung (Tel. 94 84 845).

PHOTOS, PLAKATE, PROJEKTE etc.
Historisches Museum der Stadt Wien, IV., Karlsplatz (Innenstadt-Plan Nr. 15). Geöffnet: Di, Mi, Fr 10–16, Do 10–19, Sa 14–18, So 9–17 Uhr. Mo geschlossen. Permanente Otto-Wagner-Ausstellung des Museums im ehemaligen Pavillon der Stadtbahnstation Karlsplatz, I., Karlsplatz (Innenstadt-Plan Nr. 17). Geöffnet: 1. April–31. Oktober zu den obigen Zeiten.

PLÄNE UND LITERATUR
Akademie der bildenden Künste, I., Schillerplatz 1 (Innenstadt-Plan Nr. 19), Bibliothek und Kupferstichkabinett. Geöffnet: Di, Do, Fr 10–14, Mi 10–13, 15–18, Sa, So 9–13 Uhr. Mo geschlossen.

GEDENKSTÄTTEN
Denkmal, von Josef Hoffmann, I., Makartgasse (Innenstadt-Plan Nr. 20).
Grabstätte, von Otto Wagner selbst entworfen, Hietzinger Friedhof, XIII., Maxingstraße 15, Gruppe 13, Gruft 131.

Literatur:
Otto Wagner. Die Baukunst unserer Zeit. Nachdruck der 4. Auflage (1914). Wien 1979.
Geretsegger, Heinz – Peintner, Max: Otto Wagner. Salzburg 1983[3].
Asenbaum, Paul – Haiko, Peter – Lachmayer, Herbert – Zettl, Reiner: Otto Wagner. Möbel und Innenräume. Salzburg 1984.

JOSEPH M.
OLBRICH

JOSEPH MARIA OLBRICH
1867–1908

V/1

Joseph Maria Olbrich, Sohn des Edmund Olbrich, Hausbesitzer und Lebzelter (1837–1902), geboren in Troppau am 22. 12. 1867, gestorben in Düsseldorf am 8. 8. 1908, war Architekt, Kunstgewerbler und Maler. Er besuchte 1882–1886 die Staatsgewerbeschule in Wien; war 1890–1893 an der Akademie unter Carl von Hasenauer und Otto Wagner; wurde 1893 von Otto Wagner als Zeichner angestellt; reiste als Träger des Rom-Preises 1893–1894 durch Italien und Nordafrika; kehrte 1894 in Wagners Büro zurück; war 1897 Mitbegründer der Secession, wurde 1899 – da Wagner seine Berufung als Professor nicht durchsetzen konnte – durch Großherzog Ernst Ludwig von Hessen als Gründungsmitglied der Künstlerkolonie nach Darmstadt berufen und war seither von maßgeblichem Einfluß als Erneuerer der deutschen Geschmackskultur. Obwohl ihm in Wien nur zwei Jahre selbständigen Schaffens gegönnt waren, setzte er mit dem Gebäude der Secession einen Hauptakzent des europäischen Jugendstils.

„. . . Er hatte die bunte, leichtbeschwingte Phantasie, die angeborene Vornehmheit und die einschmeichelnde Liebenswürdigkeit eines Schubert und Johann Strauß . . .", schreibt Ludwig Hevesi, Kunstkritiker und Chronist der Wiener Secession. „Olbrich war seiner phantasievollen, dekorativen Natur nach der Luxuskünstler vor allen . . . er wurde der begehrteste Architekt in Westdeutschland. Sein sprudelnder Reichtum war unendlich. Großbauten und Kunstgewerbe nahmen seine Kraft gleichzeitig in Anspruch. Seine Schmuckkassetten, Stockuhren, Kassetten, all das niedliche Tausenderlei, das er aus dem Ärmel schüttelte, überflutete die Weihnachtsmärkte . . . Olbrich wird in Wien unvergessen bleiben, als einer der bahnbrechenden Meister, denen wir unsere hochinteressante Zeitkunst verdanken . . ."

„Ver Sacrum" war die Hauszeitschrift der Secession, mit der die Künstler ihre Ideen propagierten. Der erste Jahrgang ist die beste Quelle, um Olbrichs Ornamente kennenzulernen. Abbildung unten: Eine Zusammenstellung verschiedener Illustrationen (Randleisten und Vignetten), die im Text verstreut sind (Akademie, Bibliothek).

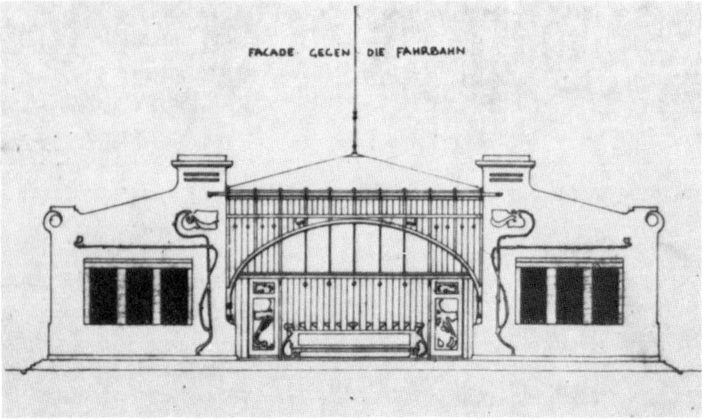

Entwurfzeichnung zum 1898 erbauten Clubhaus des Radfahrvereins der Staats- und Hofbeamten, II., Rustenschacherallee 7 (heute Sportclub Schwarz-Blau; fast unverändert erhalten).

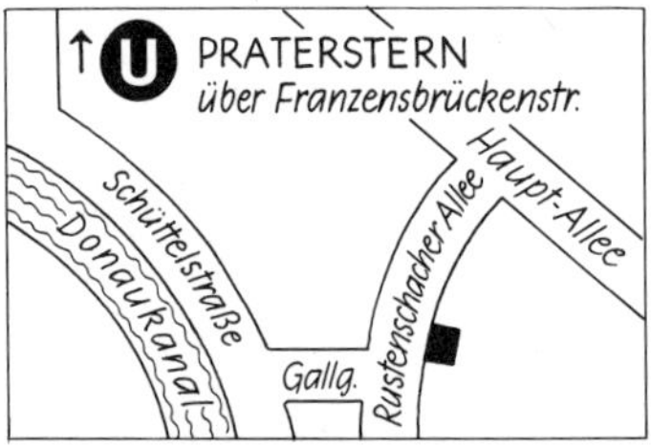

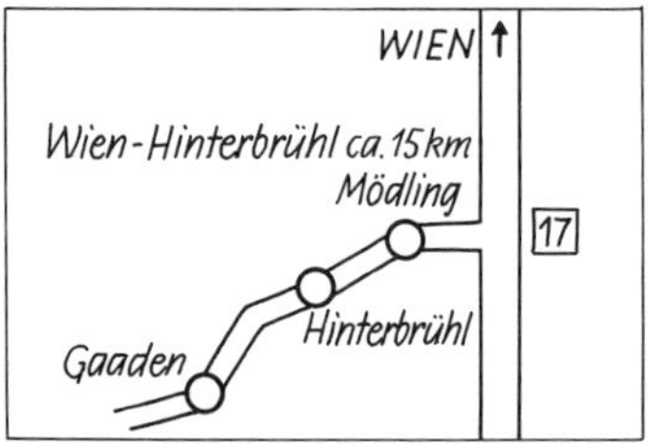

Villa Max Friedmann, Hauptstraße 27, Hinterbrühl. 1898. Ihr Stil nimmt die späteren Bauten Olbrichs auf der Mathildenhöhe in Darmstadt vorweg. Bemerkenswert vor allem das ornamental gestaltete Stiegenhaus.

Mit der „Secession" schuf Olbrich ein Hauptwerk des europäischen Jugendstils. Klimt wirkte mäßigend auf den ursprünglich flamboyanten Entwurf. Das Gebäude ruht auf acht Meter hohen Betonsäulen, die bis zum Bett des unterirdisch verlaufenden Ottakringer Baches hinabreichen. Dank verschiebbarer Innenwände konnten die Räume den jeweiligen Bedürfnissen angepaßt werden. Die Baukosten von rund 60.000 Gulden wurden zum Großteil von den Künstlern selbst aufgebracht; die am Bau Beteiligten arbeiteten ohne Honorar. Die Stadt Wien stellte den Baugrund zur Verfügung, hielt aber manche Zusagen nicht ein. So unterblieb die Anlage einer Allee, die in der Achse des Gebäudes zur Karlskirche hinführen sollte.

Die Bronzetüren, von Georg Klimt gestaltet, sind heute durch Kopien ersetzt, das Innere durch unbedachten Umbau seiner genial durchdachten Zweckmäßigkeit beraubt. Baulich ist dieses Juwel des Jugendstils derzeit in keinem besonders guten Zustand, die Vergoldung der Dachkuppel wurde nicht erneuert.

Der Wahlspruch über der Tür: „DER ZEIT IHRE KUNST, DER KUNST IHRE FREIHEIT" stammte vom Kunstkritiker Ludwig Hevesi. Während des Dritten Reiches, 1938–1945, war sie abmontiert. Die Kuppel, ein Blätterwerk aus vergoldeter Bronze, trug dem Bau den boshaften Namen „Krauthappel" ein.

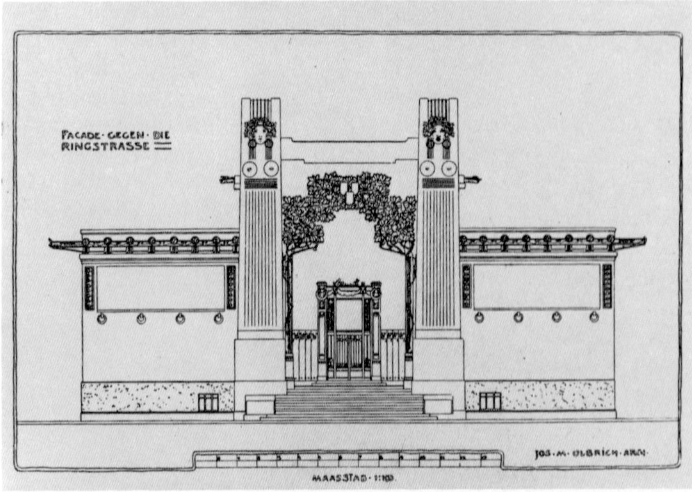

Auch dieser – überaus reich ornamentierte – Entwurf (Lithographie, Archiv der Secession), noch sehr unter dem Einfluß von Otto Wagner stehend, zeigt Olbrichs Bemühen um die endgültige Gestaltung. Bemerkenswert sind die beiden für Fresken oder Mosaiken ausgesparten großen Flächen.

Gustav Klimt, als Präsident der Secession, nahm Einfluß im Sinne einer ruhigeren Gestaltung und hielt seine Ideen zeichnerisch fest (Hist. Mus.). Interessant, daß auch ihm eine dekorative Gestaltung der Frontfläche vorschwebte.

Gemeinsam mit Josef Hoffmann gestaltete Olbrich die Inneneinrichtung für die 1. Ausstellung der Secession im Gartenbau-Gebäude, 1898 (Innenstadt-Plan Nr. 6).

Gestaltung der Innendekoration der 4. Ausstellung, 18. 2.–31. 5. 1899. Im Vordergrund das von Arthur Strasser (1854–1927) geschaffene Gipsmodell zum „Marc Anton" (heute steht das Denkmal in Bronze neben der Secession).

Inneneinrichtung von Hermann Bahrs Haus. Gustav Klimts „Nuda veritas", 1899, wurde von Olbrich in das Arbeitszimmer (heute im Besitz der Nat.-Bibl., Theatersammlung) eingebaut.

Links: Teile eines Bestecks, um 1900 (Mus. f. angew. Kunst). Rechts: Sessel aus der Wiener Wohnung der Schauspielerin Maria Wölzl, um 1898/1899 (Privatbesitz).

Das 1899/1900 für den der Secession nahestehenden Schriftsteller und Kritiker Hermann Bahr (1863–1934) gebaute Haus in XIII., Winzerstraße 22, ist erhalten. Bahr stellte sich wie kein anderer in den Dienst der jungen Bewegung, was ihm erbitterte Kritik seitens Karl Kraus' eintrug.

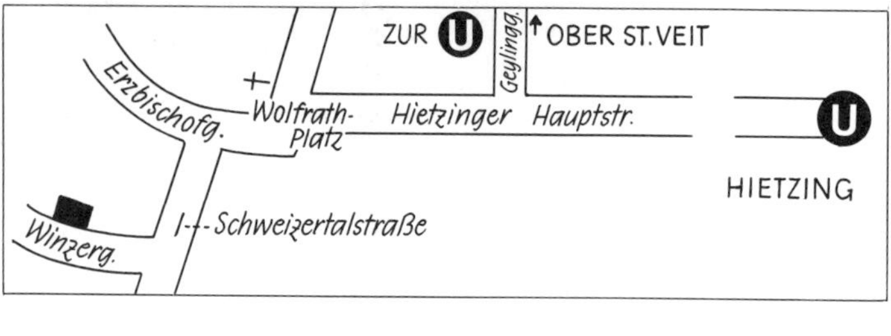

Das für Ernst Stöhr (1860–1917), Maler, Graphiker, Dichter und Musiker, in seiner Heimatstadt St. Pölten, Niederösterreich, 1899 erbaute Haus in der Kremser Gasse 41 ist wohlerhalten. Stöhr galt als der Ideologe der Secession. Er hat als erster die Stellung Klimts innerhalb der österreichischen Kunst festgelegt (Katalog der 18. Ausstellung, 1903) und ist vermutlich derjenige gewesen, der 1902 für Gustav Klimt das Programm zum „Beethovenfries" entworfen hat.

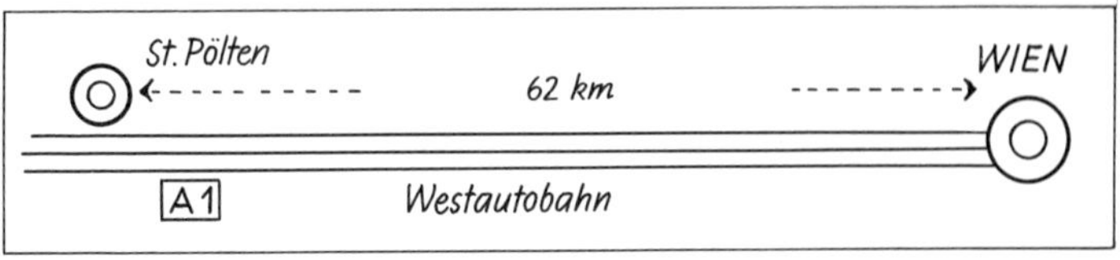

BAUTEN (siehe auch im Text):
Secessionsgebäude, I., Friedrichstraße 12 (Innenstadt-Plan Nr. 21). Geöffnet: zu den Besuchszeiten der jeweiligen Ausstellungen oder nach Anmeldung (Tel. 57 53 07).

KUNSTGEWERBE:
Historisches Museum der Stadt Wien, (Hist. Mus.), IV., Karlsplatz (Innenstadt-Plan Nr. 15). Geöffnet: Di, Mi, Fr 10–16, Do 10–19, Sa 14–18, So 9–17 Uhr. Mo geschlossen.

Österreichisches Museum für angewandte Kunst (Mus. f. angew. Kunst), I., Stubenring 5 (Innenstadt-Plan Nr. 4). Geöffnet: Di, Mi, Fr 10–16, Do 10–18, So 10–13 Uhr. Mo und Sa geschlossen.

Theatersammlung der Österreichischen Nationalbibliothek, I., Hanuschgasse 3 (bei der Albertina, Innenstadt-Plan Nr. 24). Gedenkraum Anna Bahr-Mildenburg. Geöffnet: Di, Do 11 Uhr. Anmeldung bei der Kasse der Bundestheater (gleiche Adresse). Ab etwa 1984: Palais Lobkowitz, I., Lobkowitzplatz 3 (Innenstadt-Plan Nr. 25).

STUDIEN, SKIZZEN, PLÄNE:
Akademie der bildenden Künste, I., Schillerplatz 1 (Innenstadt-Plan Nr. 19), Bibliothek. Geöffnet: Di, Do, Fr 10–14, Mi 10–13 und 15–18, Sa, So 9–13 Uhr. Mo geschlossen. Dort einsehbar: die Jahrgänge des „Ver Sacrum"; ferner das Buch J. M. Olbrichs, Ideen, Einführung von Ludwig Hevesi, Wien 1900 (53 Blatt Architekturstudien) etc.

Literatur:
Nebehay, Christian M.: Ver Sacrum 1898–1903. Wien 1982[2].
Joseph M. Olbrich, 1867–1908. Katalog der Ausstellung zur 100. Wiederkehr seines Geburtstags. Darmstadt 1967.
Joseph Maria Olbrich. Die Zeichnungen in der Kunstbibliothek Berlin. Kritischer Katalog. Staatliche Museen, Preußischer Kulturbesitz. Berlin 1972.
Joseph M. Olbrich, 1867–1908. Ausstellungskatalog. Mathildenhöhe. Darmstadt 1983.

KOLOMAN
MOSER

KOLO MOSER
1868–1918

VI/1

Koloman (Kolo) Moser (30. 3. 1868 bis 18. 10. 1918) war der Sohn eines Ökonomie-Angestellten am Wiener Theresianum, IV., Favoritenstraße 15. Als Kind hatte er Gelegenheit, die verschiedensten Handwerker bei ihrer Arbeit zu beobachten, was für sein ganzes Leben von entscheidender Bedeutung sein sollte. Er besuchte 1888–1892 die Akademie und 1893–1895 die Kunstgewerbeschule, an der er seit 1899 lehrte. War Mitbegründer der Secession (1897), aus der er mit der Klimt-Gruppe 1905 austrat, und der Wiener Werkstätte, die er 1908 verließ. 1905 ermöglichte die Heirat mit seiner ehemaligen Schülerin Editha Mautner-Markhof (unten mit Kindern) ihm fortan ein sorgenfreies Leben. 1900/01 ließ er sich von Josef Hoffmann auf der Hohen Warte, XIX., ein Haus bauen (siehe Plan Seite VII/7) und wurde, sehr unter dem Einfluß von Ferdinand Hodler stehend, zum Maler. Ein geradezu unglaublich begnadeter Künstler, schuf er auf jedem Gebiet außerordentliche Dinge. Eine enge Freundschaft verband ihn mit Josef Hoffmann. Dieser schreibt, wie fruchtbar ihre Zusammenarbeit war und wie er sich von Mosers Phantasie mitfortreißen ließ. Bedauerlicherweise gibt es noch immer kein Œuvre-Verzeichnis, was wohl damit zusammenhängen mag, daß seine Werke heute über die ganze Welt verstreut sind.

Kolo Moser mit seiner Frau Ditha und seinen beiden Kindern.

Blick in Mosers erstes Atelier, III., Rennweg 36, das Josef Hoffmann eingerichtet hat (nicht erhalten). Zeitgenössische Photographie.

Josef Hoffmann in dem von ihm für Koloman Mosers Atelier 1898 entworfenen Sessel, typisch für seinen Frühstil. Zeitgenössische Photographie.

Werkzeichnung für die Verbleiung des (nicht erhaltenen) Glasfensters des Secessions-Gebäudes. (Nach: Ver Sacrum II/1899. Bibliothek der Akademie.)

Hermann Bahr (1863–1934), Vorkämpfer der Secession, verfaßte die Umschrift: „SEINE WELT ZEIGT DER KÜNSTLER, DIE SCHÖNHEIT, DIE MIT IHM GEBOREN WIRD, DIE NIEMALS NOCH WAR UND NIEMALS SEIN WIRD."

Links: Plakat zur 5. Ausstellung der Secession. 1899 (Hist. Mus.).

Plakat zur 13. Ausstellung der Secession. 1902 (Hist. Mus.).

ILLUSTRATIONEN FÜR „VER SACRUM“ · 1901

„Ver Sacrum“, erschienen 1898–1903, ist dem künstlerischen Rang nach die schönste deutschsprachige Zeitschrift des Jugendstils. In Ausstattung und Typographie wirkte sie auf die neue Buchgestaltung in Österreich.

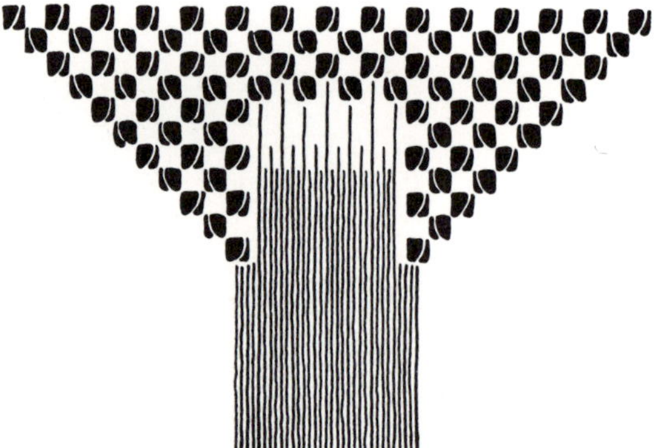

„Ein decorativer Fleck in Rot und Grün . . ." Farblithographie, in: „Ver Sacrum" I/1898, Heft 1 (Bibliothek der Akademie).
Die beiden von Kolo Moser entworfenen Umschläge für „Ver Sacrum" (I/1898, Heft 2 und II/1899, Heft 4). (Bibliothek der Akademie.)

Schreibschrank mit einschiebbarem Sessel; ehemals im Besitz von Fritz Waerndorfer, dem ersten Financier der Wiener Werkstätte (Mus. f. angew. Kunst).
Buffet-Schrank „Der reiche Fischzug". 1900 (Mus. f. angew. Kunst).

Kolo Moser war ein bisher viel zu gering beachteter Bahnbrecher des modernen Ausstellungswesens. Er setzte ab 1901 einen zeitlos modernen, vorbildlichen Stil durch. *Oben:* 18. Ausstellung. 1903 Klimt-Kollektive. *Unten:* 10. Ausstellung. 1901, mit Klimts „Medizin" Kataloge einsehbar: Bibliothek der Akademie (Innenstadt-Plan Nr. 19).

Oben: Prunkkassette (Mus. f. angew. Kunst).

Unten: Jardinière und Vase aus gestanztem Weißblech. 1904–1906.

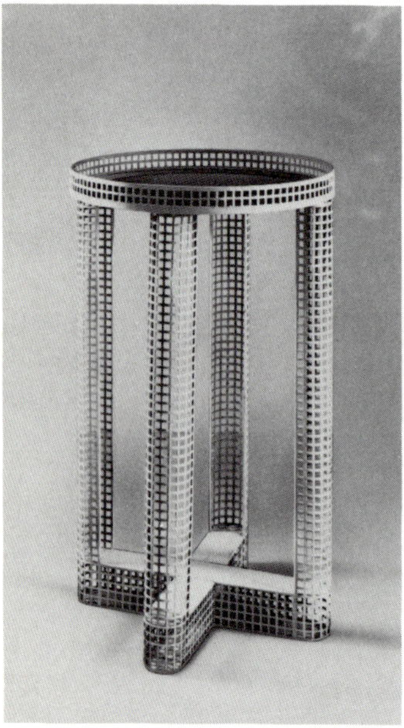

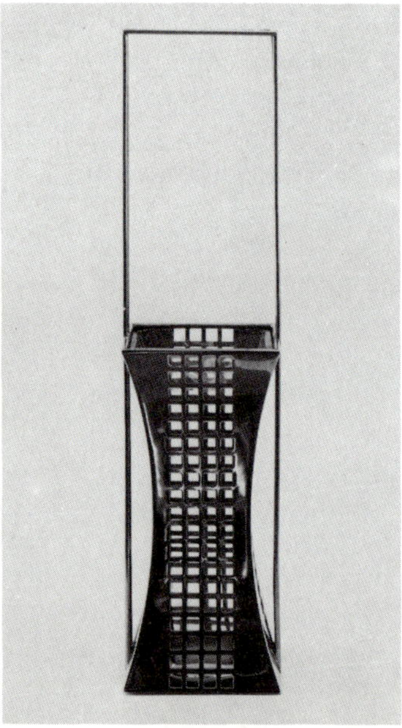

Moser schuf die künstlerisch schönsten Briefmarken der österreichisch-ungarischen Monarchie. Mit Ausnahme der Landschaftsserie stammen die abgebildeten Marken aus der Kaiser-Franz-Joseph-I.-Jubiläumsserie, 1908. 1. Reihe: Wiener Hofburg. Schloß Schönbrunn. 2. Reihe: Maria Theresia. Karl VI. Josef II. 3. Reihe. Landschaftsserie Bosnien-Herzegowina. 1906. 4. Reihe: Kaiser Franz Joseph I.

WO FINDE ICH . . .

KUNSTGEWERBE, MÖBEL, ENTWÜRFE:
Österreichisches Museum für angewandte Kunst (Mus. f. angew. Kunst), I., Stubenring 1 (Innenstadt-Plan Nr. 4). Bibliothek: „Wiener-Werkstätte-Archiv"; derzeit schwierig zu benützen. Geöffnet: Di, Mi, Fr 10–16, Do 10–18, So 10–13 Uhr. Mo und Sa geschlossen.

„VER SACRUM", KATALOGE DER SECESSION:
Akademie der bildenden Künste, I., Schillerplatz 1 (Innenstadt-Plan Nr. 19). Bibliothek. Geöffnet: Di, Do, Fr 10–14, Mi 10–13, 15–18, Sa 9–13 Uhr. Mo geschlossen.

BRIEFMARKENENTWÜRFE:
befinden sich im Archiv der Generaldirektion für die Post- und Telegraphenverwaltung, I., Postgasse 8; derzeit der Öffentlichkeit nicht zugänglich, über eine Zurschaustellung wird verhandelt.

PLAKATE:
Historisches Museum der Stadt Wien (Hist. Mus.), IV., Karlsplatz (Innenstadt-Plan Nr. 15). Geöffnet: Di, Mi, Fr 10–16, Do 10–19, Sa 14–18, So 9–17 Uhr. Mo geschlossen.

GEDENKSTÄTTE:
Grab, Hietzinger Friedhof, Gruppe 16, Gruft 14.

Literatur:

Fenz, Werner: Kolo Moser. Internationaler Jugendstil und Wiener Secession. Salzburg 1976.
Koloman Moser, 1868–1918. Katalog zur Ausstellung des Österreichischen Museums für angewandte Kunst. Wien 1979.
Koloman Moser. Herausgegeben von der österreichischen Post- und Telegraphenverwaltung. Wien 1964 (Briefmarkenentwürfe etc.).
Nebehay, Christian M.: Ver Sacrum 1898–1903. Wien 1982[2].
Fenz, Werner: Koloman Moser. Graphik, Kunstgewerbe, Malerei. Salzburg 1984.

JOSEF HOFFMANN
1870–1956

JOSEF HOFFMANN · 1870–1956

Josef Hoffmann wurde als einziger Sohn eines wohlbestallten Kattunerzeugers, Hausherrn und Bürgermeisters in Pirnitz bei Iglau, Mähren (siehe unten eine von Hoffmann gezeichnete Stadtansicht von Pirnitz aus dem 5. Ausstellungskatalog der Secession), am 15. 12. 1870 geboren. Nach einigen Klassen Gymnasium besuchte er ab 1889, gemeinsam mit Adolf Loos, die Höhere Gewerbeschule in Brünn; arbeitete 1891 im Militärbauamt Würzburg; studierte seit 1892 an der Wiener Akademie unter Carl v. Hasenauer (1833–1894) und Otto Wagner (1841–1918), zu dessen begabtesten Schülern er zählte. 1895 gewann er den Rom-Preis und wurde nachher selbständig. War Gründungsmitglied der Secession (1897) und ein lebenslanger Freund Klimts. Er war ein bedeutender Architekt, ein hervorragender Innenarchitekt und ein begnadeter Kunstgewerbler. Der Werkkatalog seiner Bauten und Projekte umfaßt 502 Nummern, ein Œuvre-Verzeichnis seiner kunstgewerblichen Arbeiten steht noch aus. Wiewohl ihn heute die ganze Welt bewundert, war er in seinen letzten Lebensjahren fast vergessen. Erstaunlich war seine Improvisationskunst; die unerschütterliche Ruhe, die von ihm ausging; die Freundschaft, die er für die Jungen hegte, die er an sich zog – wie Oskar Kokoschka und Egon Schiele, die beide kurze Zeit in der „Wiener Werkstätte" arbeiteten. Als die „WW" 1932 zugrunde ging, wurde es still um den vorher gefeierten Mann, der sein Leben lang ein großer Schweiger und von großer Bescheidenheit im Auftreten war. Seltsamerweise ist Hoffmann, der doch aus vermögendem Hause stammte, nie dazu gekommen, seine eigene Villa zu erbauen. Er war zweimal verheiratet; sein Sohn Wolfgang emigrierte 1925 nach den USA. Er selbst starb am 7. 5. 1956 und liegt in einem Ehrengrab auf dem Wiener Zentralfriedhof (Gruppe 14 C) begraben.

Josef Hoffmann gestaltete das Sekretariat der Secession (oben) und einen Raum als „Ver-Sacrum-Zimmer“ (unten). So hieß die Zeitschrift der Secession, die 1898–1903 erschien und zur Verbreitung ihrer Ideen dienen sollte. In Anklang an ihren Namen („Heiliger Frühling“) hat man die Jahre 1898–1905 – so lange verblieb die Klimt-Gruppe in der Secession – als „Wiener Kunstfrühling“ bezeichnet. Die von Hoffmann geschaffenen Räume sind leider nicht erhalten, aber wichtig für seinen frühen Stil.

Um die Gestaltung dieses Zimmers gab es eine schwerwiegende Kontroverse; auch Adolf Loos hatte sich Hoffnungen auf den Auftrag gemacht. Von da her scheint der Konflikt Hoffmann – Loos zu stammen, der 1908 in Loos' Streitschrift „Ornament und Verbrechen“ – eine unverhüllte Kritik an der Kunstschau von 1908 – seinen Höhepunkt fand.

Ecke in einem Wohnraum (aus: Ver Sacrum, Jg. III/1900, S. 69, Albertina).

Hoffmann hat in den ersten Jahrgängen von „Ver Sacrum“ eine Unzahl von Illustrationen gezeichnet. Zum Teil sind es ornamentale Randleisten, Vignetten, Umrahmungen von Textseiten, oder aber (wie oben) Entwürfe für Zimmereinrichtungen und – unter anderem – für einen Ausstellungspavillon (möglicherweise für das geplante Gebäude der Secession). Alles ist von Bedeutung für seinen Frühstil.

Hoffmanns Klientel rekrutierte sich von Anfang an aus dem für die Moderne aufgeschlossenen Großbürgertum. Karl Wittgenstein, eine der faszinierendsten Persönlichkeiten der Großindustrie der Monarchie und Mäzen der Wiener Secessionskünstler, gab Hoffmann 1900 den Auftrag für ein Forstamt in Hohenberg 105, Niederösterreich (unten); neben anderen Aufträgen errichtete Hoffmann 1906 für ihn auch das (erhaltene) Jagdhaus Hochreith/NÖ. Ein anderes Mitglied der Familie, Paul Wittgenstein, ließ sich – neben seiner Wiener Wohnung (1916/17) – bereits 1899 von Hoffmann das Landhaus „Bergerhöhe" bei Hohenberg adaptieren und einrichten (oben).

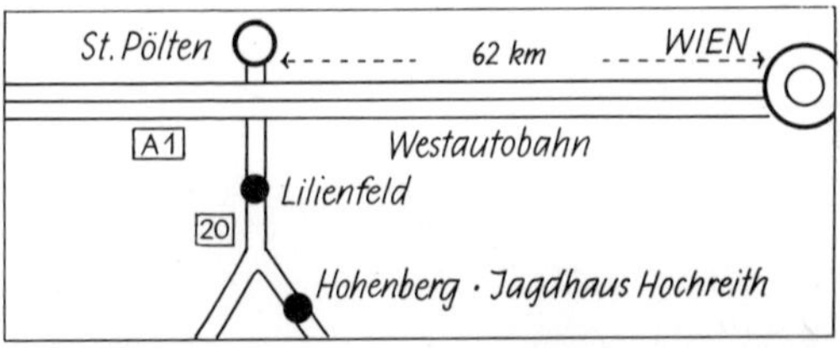

Villa Dr. Hugo Henneberg, XIX., Wollergasse 8 (oben nach einer zeitgenössischen Photographie) – damals Prototyp für Hoffmanns früheste Arbeiten, ist das Haus, da nach 1946 total verändert, heute kaum noch als von seiner Hand stammend zu erkennen.

Auch das Doppelhaus Kolo Moser, XIX., Steinfeldgasse 6 – Carl Moll, XIX., Steinfeldgasse 8 (unten in einer Gartenansicht von 1966) hat bauliche Veränderungen erfahren, besonders das Moll-Haus ist kaum mehr zu erkennen.

Von den vier gleichzeitig errichteten Villen Hoffmanns auf der Hohen Warte ist – abgesehen von der erst 1909 in Planung gegebenen und 1911 fertiggestellten Villa Ast, XIX., Steinfeldgasse 2/Wollergasse 12 – heute die 1902 als letzte entstandene, für Dr. Friedrich Spitzer erbaute, XIX., Steinfeldgasse 4 (oben), noch am besten erhalten.

1 Villa Henneberg, 1901.
2 Villa Ast, 1911 (s. S. V/17).
3 Villa Spitzer, 1902.
4 Villa Moser – Moll I, 1901.

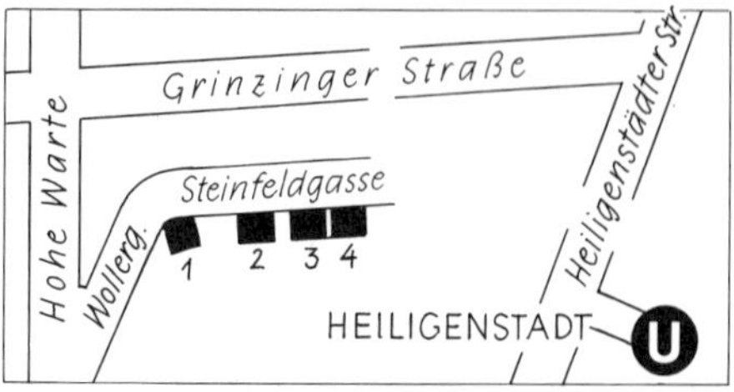

Mit der 14. Ausstellung bereitete die Secession Klingers „Beethoven“ (oben) einen Empfang, wie er keinem anderen Kunstwerk jener Zeit zuteil wurde. Alle beteiligten Künstler schufen ohne Honorar für die Säle, Klimt für den linken Saal seinen „Beethovenfries“. Hoffmann war verantwortlich für die Anlage der Ausstellung.

Hoffmann schuf als Supraporte einen bemerkenswerten abstrakt-geometrischen Mörtelschnitt (nicht erhalten), wie auch alle übrigen in die Wände eingelassenen Schmucktafeln von Kolo Moser, Maximilian Lenz und Emil Orlik spektakulär „modern“ waren.

Die am 19. 5. 1903 gegründete „Wiener Werkstätte“ hat in den knapp 30 Jahren ihres Bestehens beispielgebend Schönes auf allen Gebieten des Handwerks geschaffen. Josef Hoffmann war, gemeinsam mit Kolo Moser (bis 1908), ihr künstlerischer Leiter. Wien besaß Handwerker vorzüglicher Qualität, die am Historismus vortrefflich geschult waren. Was fehlte, waren moderne Entwerfer – und hierin liegt Hoffmanns wahrscheinlich größtes Verdienst: Er verstand es, junge begabte Kräfte an sich zu ziehen, die mit ihm schufen, und war unermüdlich im Heranziehen neuer Talente. Die Photographie von 1904 zeigt den Ausstellungsraum der WW in VII., Neustiftgasse 32 (nicht erhalten).
Groß war anfänglich der Einfluß von Charles R. Mackintosh (1868–1928), der 1900 zur großen Kunstgewerbe-Ausstellung der Secession nach Wien gekommen war und hier auch im Hause von Fritz Waerndorfer tätig war. Waerndorfer war der erste Financier der „Wiener Werkstätte“; auf ihn folgte 1913 die Familie Primavesi und, ab 1926, Kuno Grohmann. Trotz künstlerischer Triumphe mußte das Unternehmen 1932 liquidiert werden, weil es nicht gelang, es auf eine gesunde wirtschaftliche Basis zu stellen.

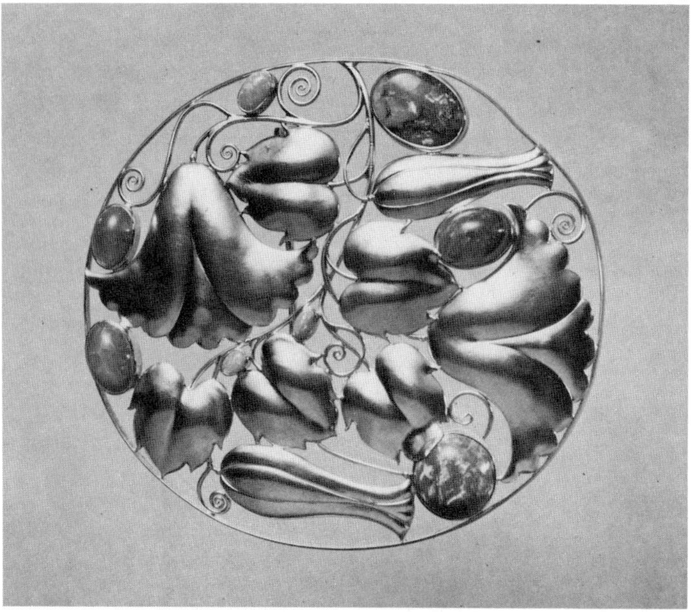

Hoffmanns gestaltende Phantasie umfaßte alle Zweige des Kunsthandwerks. Er hat sich um Möbel, Silber, Glas, Porzellan, Leder genauso gekümmert, wie er die Postkarte künstlerisch neu zu gestalten versuchte. Die Auswahl beschränkt sich hier auf Gegenstände, die im Museum für angewandte Kunst (Innenstadt-Plan Nr. 4) zu besichtigen sind. (Oben: Brosche, um 1905. Unten links: Samowar, 1904. Unten rechts: Besteck für Fritz Waerndorfer, 1904.) In späteren Jahren wich die Strenge der Formen einer Art von barocker Üppigkeit.

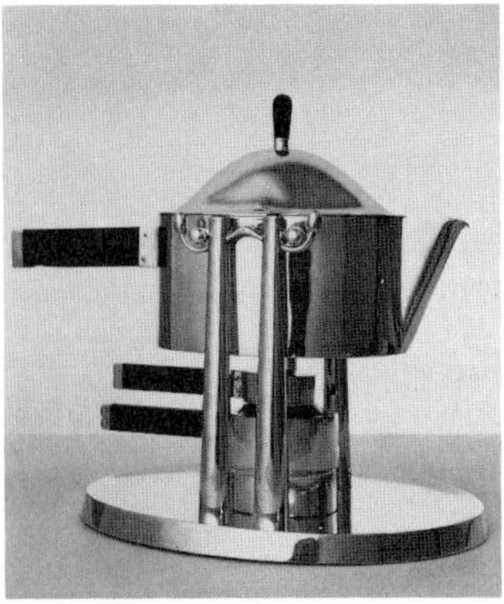

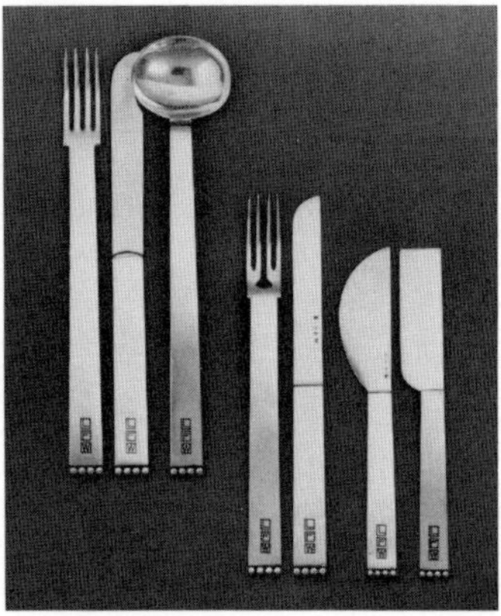

Neben der Gestaltung von Ausstellungsräumen ist Hoffmanns Tätigkeit als genialer Improvisator von Ausstellungspavillons zu gedenken. Keiner verstand so wie er, Gebäude hinzustellen, die für Zeit und Ewigkeit geschaffen schienen und dennoch nur kurze Zeit zu dienen hatten. Wichtig die Gebäude der Kunstschau Wien 1908, der internationalen Kunstausstellung in Rom 1911 (oben), der Werkbund-Ausstellung in Köln 1914 – und das gescheiterte Projekt der Teilnahme der Secession an der Weltausstellung in St. Louis 1904 (unten).

Einer der wichtigsten Hoffmann-Bauten ist das 1904 für Professor Viktor Zuckerkandl errichtete ehemalige „Sanatorium Westend", allgemein unter dem Namen „Sanatorium Purkersdorf" bekannt, ursprünglich als Heim für Nervenkranke benützt. Das Gebäude liegt innerhalb eines großen Parks an der nach Westen führenden Wiener Straße Nr. 74. Heute ist es nur noch ein Schatten seiner selbst; durch die 1926 durch Leopold Bauer gegen den Willen Hoffmanns vorgenommene Aufstockung wurde es seines Charakters beraubt. Von der Innenausstattung haben sich einige wenige Möbel erhalten. Die Abbildung unten zeigt den (nicht erhaltenen) großen Speisesaal.

Einer der für das Sanatorium Purkersdorf entworfenen Sessel (Museum moderner Kunst, Innenstadt-Plan Nr. 47). Auf der gegenüberliegenden Abbildung kann man dieses mustergültig modern und zweckmäßig geformte Möbelstück gut erkennen.

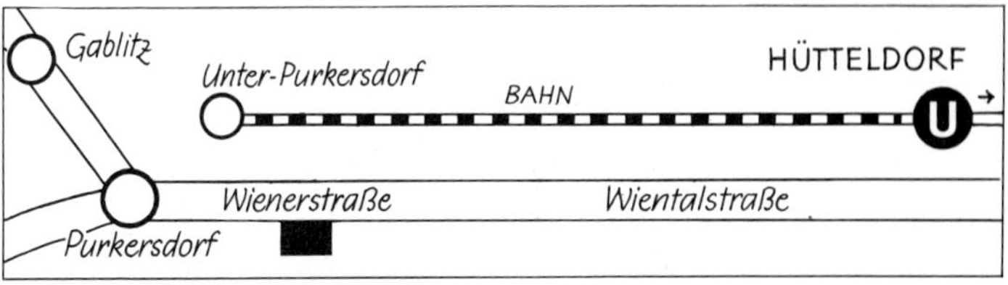

Hoffmanns Hauptwerk steht nicht in Wien, sondern in Brüssel, 281 Avenue Tervueren. 1905–1911 erbaut, befindet es sich auch heute noch im Besitz der Familie Stoclet. Eine Besichtigungserlaubnis des wohlerhaltenen Interieurs ist allerdings kaum erhältlich. Unter Verwendung der kostbarsten Materialien für die Außen- und Innengestaltung erbaut, mit einem Interieur, wie es in seiner Geschlossenheit kaum übertroffen werden kann, ist es bis in die geringsten Details von zeitloser Schönheit. Die Abbildung oben zeigt eine Gesamtansicht, unten die Halle.

Das Speisezimmer stellt einen künstlerischen Höhepunkt der Innenraumgestaltung dar. An den Wänden Klimts legendärer Stoclet-Fries (Ausschnitt).

Eine der außen nur mit geringen Veränderungen auf uns gekommenen Villen Hoffmanns ist die Villa des vermögenden Bauunternehmers Eduard Ast, erbaut 1909–1911, in XIX., Steinfeldgasse 2/Wollergasse 12 (siehe Plan S. VII/7), die in ihrer Gediegenheit und Eleganz zu den gelungensten Wiener Privathäusern Hoffmanns gehört. Hoffmann baute für Ast auch ein Landhaus am Wörther See (1923–1924).

Villa Skywa-Primavesi. Blick auf den linken Seitenrisalit der Straßenfassade mit Giebelfigur von Anton Hanak.

Ein weiteres baulich in ausgezeichnetem Erhaltungszustand befindliches, repräsentatives Gartenwohnhaus ist die Villa Josefine Skywa/Robert Primavesi, erbaut 1913–1915, in XIII., Gloriettegasse 18, heute im Besitz des österreichischen Gewerkschaftsbundes und zu einem Schulungshaus umgebaut.

Die beinahe unverändert erhaltene Villa Edmund Bernatzik in XIX., Springsiedelgasse 28 (oben Gartenansicht) und die – im wesentlichen intakte – aus acht Einfamilienhäusern bestehende Villenkolonie Kaasgraben in XIX., Kaasgrabengasse und Suttingergasse (unten), wurden in den Jahren 1912–1913 erbaut.

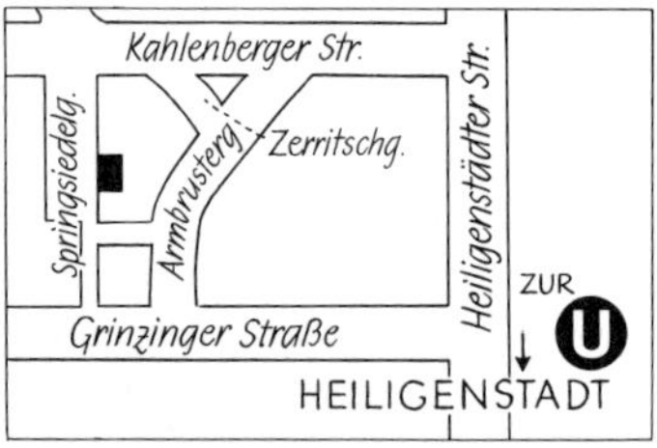

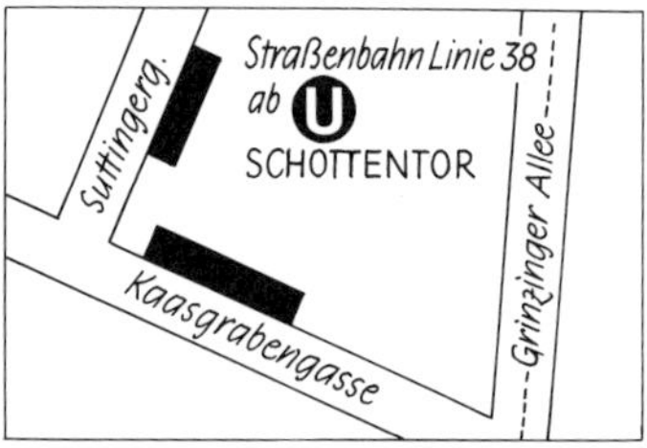

Die besterhaltene, von den derzeitigen Besitzern sorgsam gepflegte Wiener Villa Hoffmanns, XIX., Nußwaldgasse 22 (oben Garten-, unten Straßenansicht) – nach einem Vorprojekt (1919) 1924–1925 für Sonja Knips erbaut. Ihr von Klimt gemaltes Portrait (1898) schenkte Knips der Österreichischen Galerie.

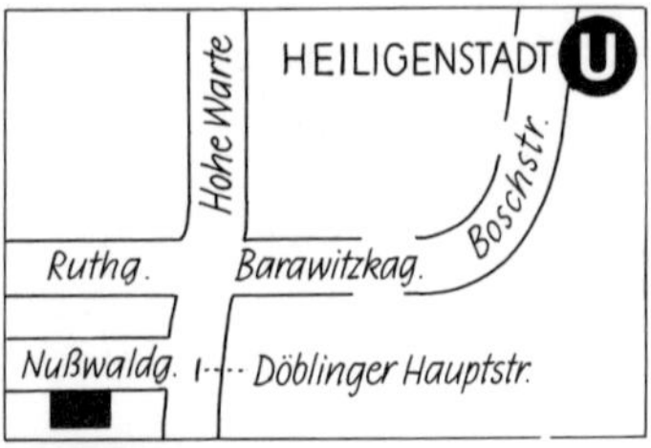

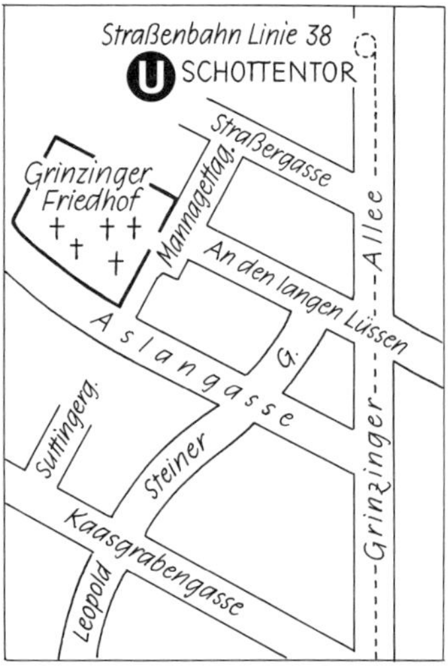

1911 ließ Alma Mahler (1879–1964) für ihren ersten Mann, den Komponisten Gustav Mahler (1860–1911), von Hoffmann einen Grabstein entwerfen (Grinzinger Friedhof, Gruppe 7, Reihe 2).

Das vom Österreichischen Werkbund 1929 in Auftrag gegebene Denkmal für Otto Wagner, ursprünglich vor der Umfriedung des Volksgartens, dem Bundeskanzleramt gegenüber, aufgestellt, befindet sich heute in I., Makartgasse (neben der Akademie der bildenden Künste).

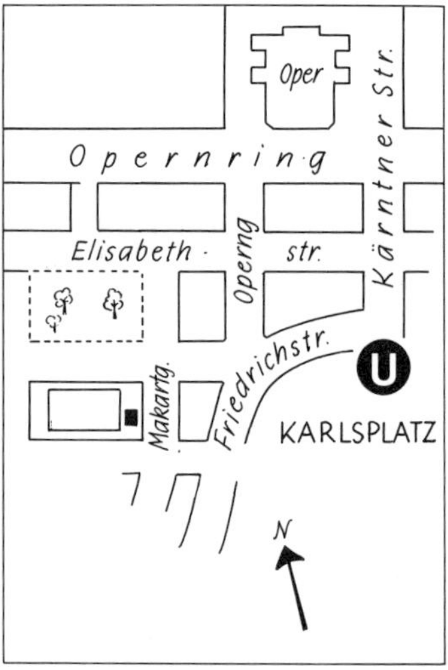

Als Innenraumgestalter leistete Hoffmann Beispielgebendes. Sein Streben ging nach dem „Gesamtkunstwerk". Die Farbe der Wände, die Gestaltung der Vorhänge, Bodenbelag und Anstrich: alles, auch das geringste Detail, war auf das sorgfältigste aufeinander abgestimmt; nichts war der Zufälligkeit überlassen. Die ausführenden Handwerker waren Künstler ihres Faches.

Neben dem zerstörten Verkaufsraum der Modeabteilung der „WW" im Palais Esterházy (1916), I., Kärntner Straße 41 (oben) stammen von Hoffmann auch die Stoffabteilung der „WW" (1917–1918) in I., Kärntner Straße 32/Führichgasse und das seit 1907 bestehende Hauptgeschäft in I., Graben 15. Leider sind fast alle Hoffmannschen Interieurs in Wien zerstört. Eine der wenigen Ausnahmen: Portal und Einrichtung für die Confiserie Altmann & Kühne, I., Graben 30. 1932 (gemeinsam mit O. Haerdtl).

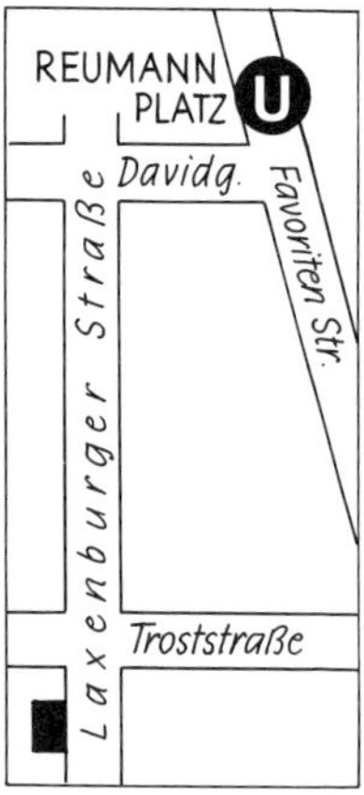

1928–1932 entstand eine Wohnhausanlage der Gemeinde Wien, X., Laxenburger Straße 94, mit 332 Wohnungen. Die Außenseite wurde später entscheidend verändert (Entfernung der gliedernden Putzstreifen, Ausbau des Dachgeschoßes etc.). Die Hoffassaden lassen noch am besten die Absichten des Architekten erkennen.

1930–1932 errichtete Hoffmann vier Reihenhäuser der Werkbundsiedlung, XIII., Veitingergasse 79–85. Zwei Haustypen sind spiegelbildlich angeordnet. Diese Häuser sind, von einigen Veränderungen abgesehen, in relativ gutem Zustand.

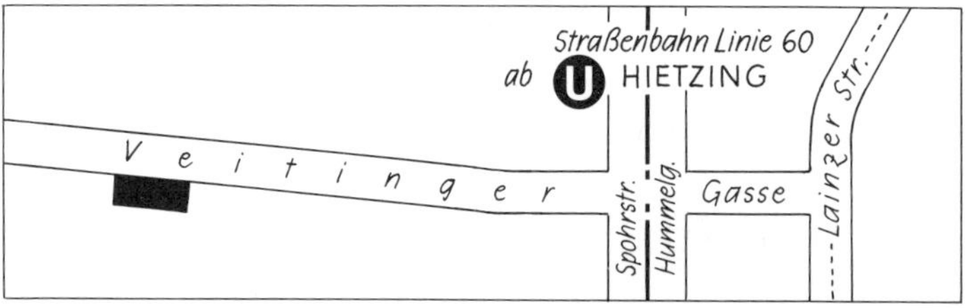

1820–1823 erbaute der Architekt Peter Nobile (1774–1854) den „Theseustempel" im Volksgarten, eine Nachbildung des antiken Theseions in Athen, um die 1819 von Kaiser Franz erworbene Skulpturengruppe „Theseus besiegt den Minotaurus" von Antonio Canova (1757–1854) unterzubringen. 1890 übersiedelte die Gruppe ins Stiegenhaus des Kunsthistorischen Museums. Seither steht der Theseustempel leer, nur gelegentlich als Ausstellungshalle benützt. 1936 machte der Maler Carl Moll (1861–1945), Mitglied der Secession und eine für das Kunstleben Wiens wichtige Persönlichkeit, den Vorschlag, eine würdevolle Weihestätte für Österreichs große Musiker zu errichten. Hoffmann griff die Idee in einem Entwurf (Akademie, Kupferstichkabinett, Innenstadt-Plan Nr. 19) auf und plante in dem mit Marmor verkleideten Tempelraum die Aufstellung von Kandelabern innerhalb dreier Nischen und einen Abgang zur Krypta (die neu zu erbauen gewesen wäre). Dort hätten die Sarkophage von zwölf großen österreichischen Musikern Aufstellung finden sollen. Da Österreich weder ein Pantheon noch eine Westminster Abbey vergleichbare Begräbnisstätte für die großen Söhne seines Landes besitzt, wäre diese Anregung wohl wert gewesen, aufgegriffen zu werden.

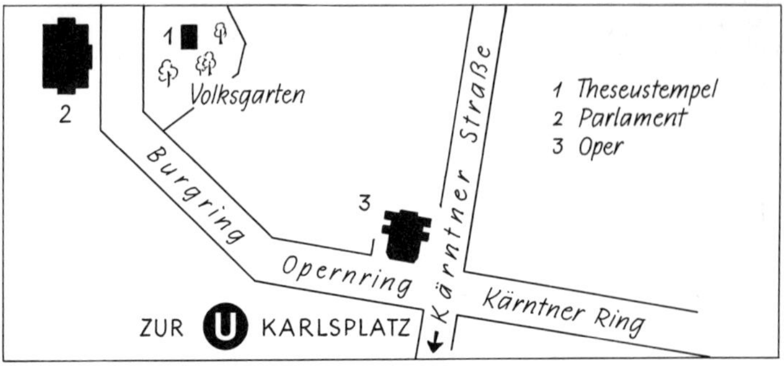

BAUTEN (siehe auch im Text:
Sanatorium Purkersdorf, seit 1975 geschlossen. Purkersdorf, NÖ., Wiener Straße 74 (s. Plan S. VII/13). Besichtigung möglich bei Voranmeldung: Tel. (0 22 2) 43 12 19.

KUNSTGEWERBE, SCHMUCK, SILBER, ENTWÜRFE:
Österreichisches Museum für angewandte Kunst (Mus. f. angew. Kunst), I., Stubenring 5 (Innenstadt-Plan Nr. 4), Bibliothek; „Wiener-Werkstätte-Archiv"; derzeit schwierig zu benützen. Geöffnet: Di, Mi, Fr 10–16, Do 10–18, So 10–13 Uhr. Mo und Sa geschlossen.

Historisches Museum der Stadt Wien (Hist. Mus.), IV., Karlsplatz (Innenstadt-Plan Nr. 15). Geöffnet: Di, Mi, Fr 10–16, Do 10–19, Sa 14–18, So 9–17 Uhr. Mo geschlossen.

GLÄSER:
Glasmuseum der Firma J. & L. Lobmeyr, I., Kärntner Straße 26 (Innenstadt-Plan Nr. 44). Besichtigung: Mo, Di, Mi, Do, Fr 9–18, Sa 9–13 Uhr. So geschlossen. (Unten: Glasservice nach einem Entwurf von J. Hoffmann.)

Literatur:
Gresleri, Giuliano: Josef Hoffmann. Bologna 1981.
Nebehay, Christian M.: Ver Sacrum 1898–1903. Wien 1982[2].
Schweiger, Werner J.: Wiener Werkstätte. Kunst und Handwerk 1903–1932. Wien 1982.
Sekler, Eduard F.: Josef Hoffmann. Das architektonische Werk. Monographie und Werkverzeichnis. Salzburg 1982.

ADOLF LOOS
1870–1933

VIII/1

Es besteht kein Zweifel daran, daß Adolf Loos (Brünn 10. 12. 1870–Kalksburg bei Wien 23. 8. 1933) zu den interessantesten und bedeutendsten modernen Architekten Wiens gehörte. Er war ein Neuerer, ein kompromißloser Kämpfer, ein Ästhet. Ein Mann, dem die geringste Kleinigkeit innerhalb eines Raumes, einer Wohnung wert genug war, sich intensiv mit ihrer Funktion zu beschäftigen. Einer, der mit einer geradezu winzigen Baufläche auszukommen verstand (Loos-Bar), der billigste Bauweisen für seine Villen ersann (innen nur Gipswände). Er verstand es, durch zündende Vorträge, die meist ausverkauft waren, seine Ideen zu verfechten, wie er auch als Publizist mutig seine Meinung sagte. Der Satz freilich, der ihn weit über Architektenkreise hinaus berühmt machte: *Ornament ist Verbrechen* – ist gar nicht von ihm. Es ist die Verballhornung des Titels eines Vortrags *Ornament und Verbrechen.* Gleich mit seinem allerersten Hausbau, dem „Loos-Haus" am Michaelerplatz, sorgte er 1911/1912 für einen der größten Kunstskandale der Zeit. Die radikal moderne Fassade war ein öffentliches Ärgernis. Die Spottnamen für das Haus waren Legion: „Kornspeicher", „Mistkistl", „Gefangenenhaus", „Kanalgitterhaus" . . . Heute ist es als eine große Schöpfung moderner Architektur anerkannt.

Mit vielen seiner Zeitgenossen war Loos, weil unbequem, verfeindet oder zumindest zerstritten. Dabei war er aber durchaus tiefer Freundschaft fähig: Er war der liebevoll helfende Freund der Tänzerin Bessie Bruce, die er Jahre hindurch in Leysin in der Schweiz erhielt, wo sie lungenkrank darniederlag; Freund auch des Wiener Poeten Peter Altenberg. Die beiden liebten es, die Nächte hindurch in Bars zu verbringen und gerieten einander gelegentlich wegen plötzlich entflammter Liebe zu irgendeiner Tänzerin in die Haare. Er war mit Karl Kraus befreundet, der sich in seiner „Fackel" für ihn einsetzte. Und er war es, der in den kritischen Anfangsjahren Oskar Kokoschka förderte und unterstützte.

Loos bereicherte das Kaffeehausleben seiner Zeit um eine Variante: Er war der erste Café-Architekt. Jahrelang hatte er kein eigenes Atelier, sondern skizzierte zwischen zwei „kleinen Braunen" seine genialen Entwürfe, oft genug auf Kassenbons, die er vom Ober erbeten hatte. Seine große Zeit als Architekt lag vor dem Ersten Weltkrieg. Nach 1918 hatte er es schwer, Aufträge zu erhalten. Er arbeitete zeitweilig in Paris und in der Tschechoslowakei, die ihn ab 1930 mit einer Rente bedachte. Er ist arm gestorben. Unendlich viel von dem, was er geschaffen hat, ist vernichtet. Dazu muß gesagt werden, daß in den Inneneinrichtungen jener Jahre die Architekten den Kunden ihren Stil aufzwangen. Es gab Villen von Loos, in denen buchstäblich jedes Möbelstück eingebaut und ein Sessel der einzig bewegliche

Gegenstand war. Spätere Generationen entledigten sich dieses vermeintlichen Zwanges und zerstörten, was er klug, modern, praktisch und schön gestaltet hatte. Heute stehen wir seinen Schöpfungen bewundernd gegenüber und suchen zu bewahren, was auf uns gekommen ist.

Adolf Loos senior (1831–1879) war Bildhauer und Steinmetzmeister in Brünn. Er hatte in Wien die Bildhauerklasse von Franz Bauer (1797–1872) besucht und sich 1861 mit Unterstützung seines wohlhabenden Bruders in Brünn selbständig gemacht.

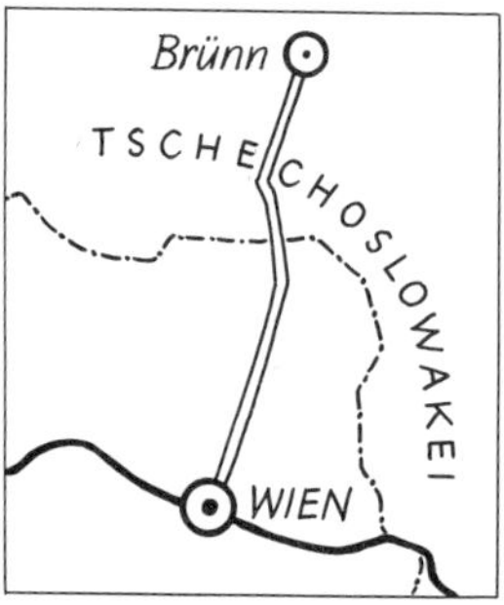

Adolf Loos wurde als einziger Sohn seiner Eltern am 10. 12. 1870 in Brünn geboren. Er liebte seinen Vater und verbrachte jede freie Minute in dessen großer Werkstatt, wo er – was für sein ferneres Leben ausschlaggebend war – handwerkliche Arbeit an auserlesenem Material kennenlernte. Der frühe Tod des Vaters bedeutete für den neunjährigen Knaben eine Zäsur.

Die Mutter nahm einen Werkmeister und stand ab nun dem Betrieb vor. Von einer Sparsamkeit, die dem Knaben alles versagte, wandte sie sich in dem Maß ihren beiden Töchtern zu, als sie erkennen mußte, daß ihr Sohn weder von ihr noch von der Übernahme der Firma etwas wissen wollte. 1881/82 war Adolf Schüler des Gymnasiums in Iglau. Ein mittelmäßiger Schüler, mußte er mehrmals repetieren und trat 1885 in die Staatsgewerbeschule in Reichenberg, später in Brünn ein. Nach der Matura, 1889, besuchte er als Hospitant die Technische Hochschule in Dresden.

1892 fuhr Loos nach Amerika. Anreiz war die Weltausstellung in Chicago von 1893. Zunächst war er in Philadelphia bei einem Bruder seines Vaters, einem wohlhabenden Uhrenfabrikanten. Die folgenden Jahre verbrachte er in New York. Er schlug sich recht und schlecht durch, jede nur mögliche Gelegenheit zum Geldverdienen ergreifend, als Maurer, Journalist, Kritiker für deutschsprachige Zeitungen, Marqueteriearbeiter und Zeichner bei einem Baumeister. Über den Einfluß der modernen amerikanischen Architektur auf Loos fehlt noch immer eine gründliche Studie. 1896 war er für längere Zeit in London. Inzwischen hatte ihn die Mutter wegen angeblicher Verschwendungssucht unter Kuratel stellen lassen. Der Rechtsstreit um die Erbschaft nach seinem Vater endete damit, daß ihm nach Bezahlung der Anwälte ein kleiner Rest blieb.
In Wien fand er eine Anstellung bei dem Architekten und späteren Stadtplaner Carl Mayreder (1856–1911). Dessen Frau Rosa (1858–1938) war Sozialphilosophin, Frauenführerin und Verfasserin des Textbuches zu Hugo Wolfs Oper „Corregidor".
Ab 1897 begann Loos Kritiken zu publizieren. Im ersten Jahrgang des „Ver Sacrum", der 1898 gegründeten Zeitschrift der Secession, verfaßte er zwei Aufsätze, in denen er die Ringstraßenarchitektur angriff: „Die potemkinsche Stadt" und „Unsere jungen Architekten". Die erhoffte Mitarbeit an der Innenausstattung des Secessionsgebäudes kam nicht zustande; hier liegt die Wurzel zum späteren tiefen Konflikt mit Josef Hoffmann. Loos blieb auch in der Zukunft auf sich allein gestellt.

Von dem 1899 von Loos entworfenen und heute noch bestehenden „Café Museum", I., Ecke Operngasse und Friedrichstraße, ist nur die Fassade im großen und ganzen erhalten; die Inneneinrichtung (unten, um 1899) ist verändert. Die günstige Lage zwischen Akademie der bildenden Künste, Secession und Technischer Hochschule machte das Kaffeehaus sehr bald zu einem Treffpunkt vieler Künstler (ein anderer Künstlertreff war das Café Kremser, Kärntner Ring, der Sitz des Josef-Hoffmann-Clans). Loos nahm sich die Mühe, alle Möbel selbst zu entwerfen; beachtenswert ist die Verwendung von edlen Hölzern (dunkles Mahagoni) und von poliertem Messing, mit dem die Wände wie auch verschiedene Möbel eingefaßt waren.

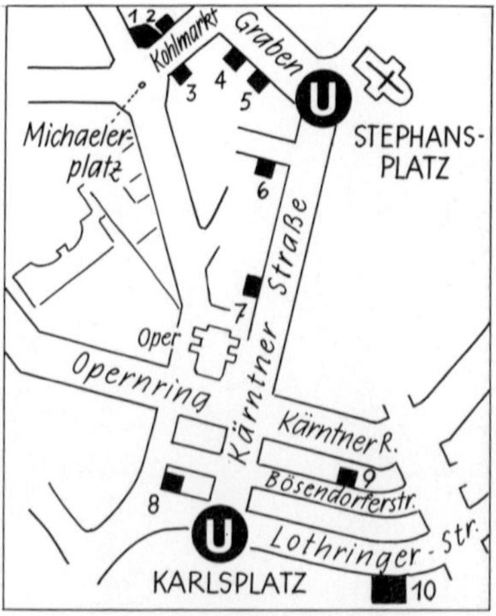

1 Loos-Haus am Michaelerplatz
2 Buchhandlung Manz
3 Parfümerie Ruttner
4 Schneider Leschka
5 Schneider Knize
6 ‚American Bar'
7 Lobmeyr
8 Café Museum
9 Wohnung Loos
10 Historisches Museum

Loos und seine erste Frau Lina, geb. Obertimpfler, heirateten am 21. 7. 1902 in Eisgrub, Mähren. Die Braut war 19 Jahre alt. Auch Peter Altenberg (1859–1919), Dichter und Bohemien, hatte die Schauspielerin schwärmerisch verehrt. Loos richtete sich im 5. Stock des Hauses, I., Giselastraße (heute Bösendorferstraße) Nr. 8, eine Wohnung ein. Das Wohn- und Kaminzimmer (unten, in einer zeitgenössischen Photographie) ist – mit kleinen Veränderungen – im Historischen Museum der Stadt Wien aufgestellt.

Oben links: Die erste Ehe mit der Schauspielerin Lina Obertimpfler (1882–1950) dauerte nur drei Jahre (1902–1905).
1905 begann Loos eine Liaison mit der 19jährigen englischen Tänzerin Bessie Bruce (1886–1921). Oskar Kokoschka malte 1909/10 ihr Portrait. Sie starb 1921 in einer Lungenheilstätte in Leysin (Schweiz).
1919–1926 war Loos mit der Tänzerin Elsa (Elsie) Altmann (geb. 1898) verheiratet, die heute in Buenos Aires lebt (unten links).
1928 heiratete Loos in dritter Ehe die Photographin Klara Franziska (Claire) Beck (um 1905–1945?).

1904 erhielt Loos von dem Wiener Physiologen Professor Dr. Theodor Beer den Auftrag, Umbau und Inneneinrichtung des großen Besitzes „La Maladaire“ in Clarens am Genfer See zu planen. Von Loos stammen auch die Pläne für den Umbau des Wirtschaftsgebäudes und den verbindenden Gang. Er stellte seine Tätigkeit – wegen Meinungsverschiedenheiten mit dem eigenwilligen Bauherrn – 1906/07 ein. Max Fabiani wurde mit der weiteren Planung beauftragt, fertiggestellt wurde der Bau jedoch von Hugo Ehrlich. Trotzdem gilt die Villa Karma als wichtigstes Frühwerk von Loos.

Oben: Gartenfront der Villa Karma, um 1963.
Rechts: Loos und Beer 1904 auf der Baustelle.

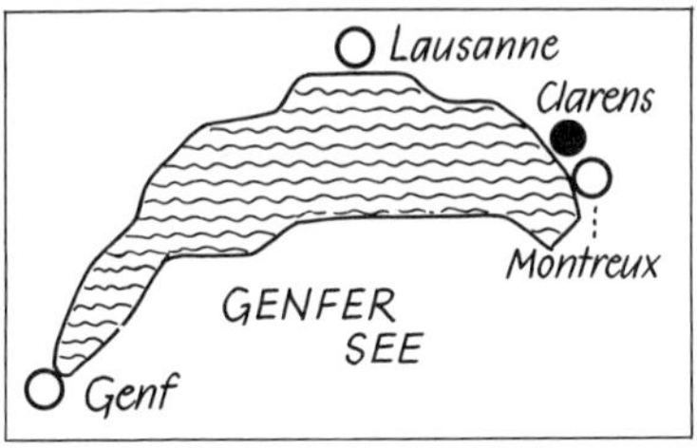

1908 gestaltete Loos die „American Bar“, I., Kärntner Durchgang (heute Kärntnerbar). Sie erregte sofort nach ihrer Entstehung größtes Aufsehen und ist – heute leicht heruntergekommen – unzweifelhaft eine der Sehenswürdigkeiten des „modernen Wien“ um die Jahrhundertwende. Es ist kaum faßlich, wie es Loos verstanden hat, diesen Bar-Raum auf kleinster Fläche zu gestalten (Ausmaß 6,15 × 4,45 m), welcher Effekte er sich bediente und wie es ihm – durch Verwendung edelster Materialien – gelang, ein zeitlos elegantes Lokal zu schaffen. Es ist nicht ganz so geblieben, wie Loos es ursprünglich beabsichtigt hatte, denn es war als Steh-Bar konzipiert. Der Einbau von Sitzmöbeln geschah über Wunsch der Besitzer. Die prominent gestaltete Bar nimmt beinahe die Hälfte des Raumes in Anspruch. Sehenswert ist die Kassettendecke aus gelblich-weißem Marmor.

Oben: Barraum im heutigen Zustand, Blick gegen die Rückwand.

Unten: Portal im ursprünglichen Zustand (heute verändert), um 1930.

Das in den Platz ragende Gebäude ist das 1799 erbaute „Dreilauferhaus", anschließend Häuser des Kohlmarkts im Stil des Historismus. Links das Palais Herberstein.

Um die Jahrhundertwende war die Situation am Michaelerplatz (Photographie um 1900) wie folgt: Der Ausbau der Nordseite der kaiserlichen Hofburg war 1893 – im wesentlichen nach den Plänen von Joseph Emanuel Fischer von Erlach (1693–1742) und Ferdinand von Hohenberg (1732–1816) – vollendet worden. Hingegen war der Kranz der schönen Barockhäuser, die der Inneren Stadt bis gegen 1870 ihr Gepräge gegeben hatten, dem Bau- und Spekulationsfieber der Gründerjahre zum Opfer gefallen. So wurde 1897 an der Einmündung der Schauflergasse im „Ringstraßenstil" das Palais Herberstein erbaut. Dort stand vorher das Dietrichsteinsche Haus mit dem berühmten „Café Griensteidl", dessen Abbruch 1897 Karl Kraus zu seiner Satire „Die demolirte Litteratur" veranlaßte. In dem Bestreben, den Verkehr am Michaelerplatz großstädtischer zu gestalten, wurde das bis weit in die Platzmitte hineinragende, 1799 erbaute „Dreilauferhaus" abgerissen, mit der Auflage einer starken Beschneidung des freigewordenen Bauplatzes. Der Baugrund wurde von den Inhabern der Schneiderfirma Goldman & Salatsch erworben, für die Loos bereits ein (heute nicht mehr erhaltenes) Lokal am Graben gestaltet hatte. Ein von der Firma ausgeschriebener Ideenwettbewerb wurde von acht Architekten beschickt und fand keinen Beifall. Loos, der sich nicht beteiligt hatte, wurde 1909 mit dem Bau seines ersten Hauses betraut.

Das Hervorstechende am Plan von Loos ist, daß er die Hauptfassade seines Gebäudes gegen die Mitte des Platzes ausrichtete. Durch eine noble Ausgestaltung von Parterre und Hochparterre (für die Marmorverkleidung reiste er eigens nach Euböa) setzte er einen starken Akzent, der sich bewußt von der schmucklosen Fassade des darüberliegenden Wohntraktes abhob.
Gegen diese Fassadengestaltung setzte eine Protestwelle ein, die an Heftigkeit den Angriffen gegen Klimt und seine „Fakultätsbilder" kaum nachstand. Einer seiner Hauptgegner war der Kunststeinerzeuger und Gemeinderat Rykl, der das Wort „dieses Scheusal von einem Haus" prägte. Nach einer Baueinstellung erfolgte am 14. 8. 1912 die behördliche Zustimmung, nur mit der grundbücherlichen Auflage, die nachträglich angebrachten Bronzeblumenkästen das Jahr über mit lebenden Pflanzen auszuschmücken.
In unmittelbarer Nachbarschaft von zwei überladenen Prunkbauten im Ringstraßenstil mußte das Loos-Haus in seiner Nacktheit in der Tat damals wie eine Provokation wirken.

Loos verteidigte seinen Bau am 11. 12. 1911 in einem Vortrag vor 2000 Zuhörern in den „Sofiensälen“.

Das Stiegenhaus, zur Gänze mit scheckigem Skyros-Marmor verkleidet, ist im wesentlichen unverändert erhalten.

Die Innenausstattung – die, abgesehen von wenigen Teilen in der heutigen Parfumerie Ruttner, I., Kohlmarkt 11, nicht erhalten ist – war ebenso modern wie das Unternehmen selbst. Neben einer Jagd-, Reit-, Polo-, Tennis- und Automobilausstattungs-Abteilung gab es dort 1911 bereits eine Wintersportabteilung; daneben eine „Privatfachschule“ des Hauses und hervorragend ausgestattete Werkstätten. Die Firma ging 1925/26 in Konkurs.

Verkaufsraum im Erdgeschoß, um 1912.

In den Jahren 1897–1919 führte Loos verschiedene Aufträge aus. Von diesen sind lediglich zwölf im großen und ganzen unverändert auf uns gekommen, darunter das Lokal des Schneidersalons Knize, I., Graben 13, ein besonderer Glücksfall, da Portal wie Einrichtung original erhalten sind.
Es ist nicht bekannt, ob Loos auch die Karlsbader Filiale von Knize gestaltete, jedoch wurde er 1924 mit dem Knize-Lokal in Berlin und 1927 mit dem Pariser Lokal auf den Champs-Élysées betraut.
Es ist kein Zufall, daß Loos *der* Architekt der Wiener Herrenausstatter war (sein erster Auftrag in Wien, 1897, war die Einrichtung des Salons des Hofschneiders Ebenstein, I., Kohlmarkt 5 – nicht erhalten). Loos war von extravaganter Eleganz, er hatte ein bißchen etwas von einem englischen Dandy.

Die um 1930 aufgenommenen Photographien zeigen den Verkaufsraum im Erdgeschoß (rechts unten) und die Räume der Maßabteilung im Mezzanin (oben und links unten). Das Interieur ist im wesentlichen erhalten.

Die Buchhandlung Manz, I., Kohlmarkt 16, wurde 1912 von Loos gestaltet. Das Portal ist im wesentlichen unverändert, die Inneneinrichtung blieb nicht erhalten.
Trotz Veränderungen geben Fassade (unten) und Kassenraum der Filiale der Zentralsparkasse, VII., Mariahilfer Straße 70, einen Eindruck der ursprünglichen Intention, die Loos 1914 bei der Gestaltung des Lokals der Anglo-Österreichischen Bank vor Augen hatte.
Schließlich sei noch auf den 1923 gestalteten Salon Leschka, I., Graben 16 (früher I., Spiegelgasse 13), verwiesen, dessen Einrichtung zum großen Teil erhalten ist.

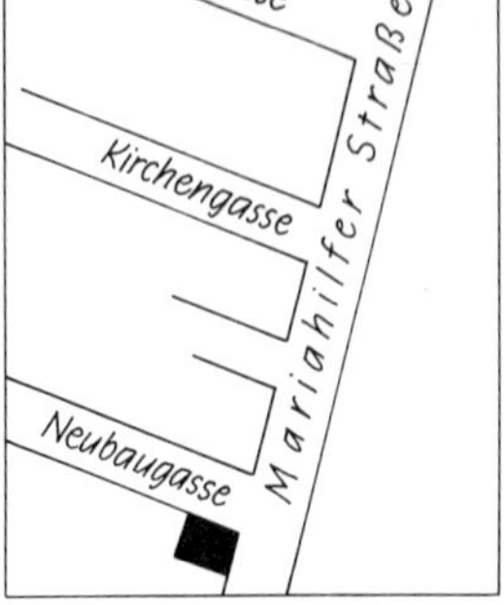

Loos' bekanntester Villenbau ist das – heute total veränderte – Haus Hugo und Lilly Steiner, XIII., St.-Veit-Gasse 10, aus dem Jahr 1910. Auf den Photographien, um 1930, links die Straßen- und rechts die Gartenansicht.

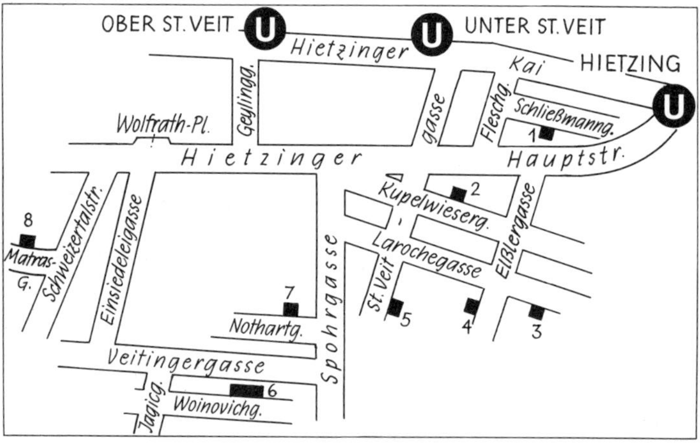

Das – 1911/12 gebaute – Haus Dr. Otto und Auguste Stoessl, XIII., Matrasgasse Nr. 20 (rechts), wurde von Loos als preiswertes Einfamilienhaus mit aufgesetztem Mansardendach konzipiert, das dem Haus zu vier nutzbaren Geschoßen verhilft.

Texterläuterung zum obigen Plan:

1 Haus Rufer
2 Strasser
3 Scheu
4 Reitler
5 Steiner
6 Werkbundsiedlung
7 Horner
8 Stoessl

Das 1912 erbaute Haus Helene Horner, XIII., Nothardgasse 7 (oben), ist ein gleichfalls preiswert erstelltes Haus, das insbesondere mit seinem halbtonnengewölbten, mit Kupferblech bedeckten Dach viel Ähnlichkeit mit dem Haus Steiner (siehe gegenüberliegende Seite) hat.

Haus Dr. Gustav und Helene Scheu, XIII., Larochegasse 3 (1912/13). Terrassenwohnung, das oberste Stockwerk mit separatem Aufgang von der Straße aus. Die – ursprünglich vorhandene – Bewachsung der Fassade wurde baupolizeilich zur Bedingung gemacht. Es ist das erste Terrassenhaus in Mitteleuropa.
Villa Hilde und Karl Strasser, XIII., Kupelwiesergasse 28 (1918/19). Ein von Loos umgebautes, ursprünglich 1896 erbautes Haus, dessen Inneneinrichtung erhalten ist (Speisezimmer mit grünem Onyx verkleidet, Bibliotheksraum).

Das Haus Josef und Maria Rufer, XIII., Schließmanngasse 11 (1922) ist nach den Worten von Heinrich Kulka, dem bewährten Mitarbeiter von Loos, „der Standardtypus eines Hauses in dieser Größe. Es kann nicht mehr verbessert werden".
Das Landhaus Paul Khuner, Kreuzberg bei Payerbach, NÖ. (1929–1930), ist in Blockbauweise gefertigt und mit einer großen hohen Halle und umlaufender Galerie ausgestattet. Die von Loos gezeichneten Skizzen wurden von seinem Mitarbeiter Heinrich Kulka (1900–1974) ausgeführt.

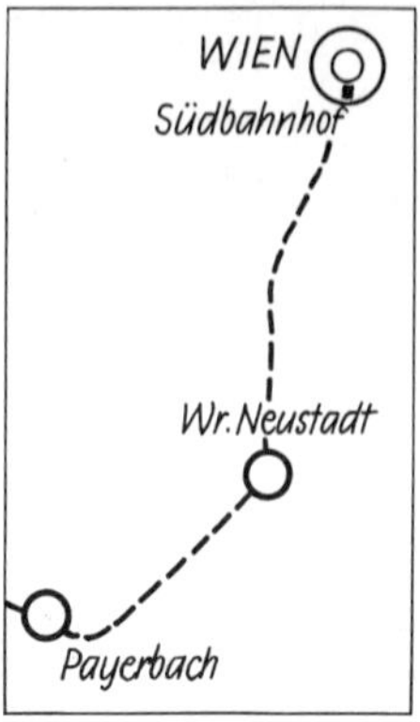

Zweck der Werkbundsiedlung, XIII., Woinovichgasse 13–19 (1930), war die Präsentation wohlfeiler Familienhäuser. Die bedeutendsten Architekten der Zwischenkriegszeit nahmen daran teil. Neben Loos (in Zusammenarbeit mit Kulka) finden sich dort Bauten von Hoffmann, Lurçat, Neutra, Plischke, Holzmeister und Haerdtl. Die Einfamilien-Doppelhäuser von Loos-Kulka (oben) weisen eine Grundfläche von 6×7,70 Meter auf.

Loos war – sieht man von Möbelentwürfen ab – kein Kunstgewerbler. Erst sehr spät, 1931, entwarf er Glas für die berühmte Wiener Firma Lobmeyr. Obwohl er selbst mit dem Endprodukt nicht ganz zufrieden war, erfreut sich das Service großer Beliebtheit und wird heute noch hergestellt (Glasmuseum Lobmeyr, I., Kärntner Straße 26).

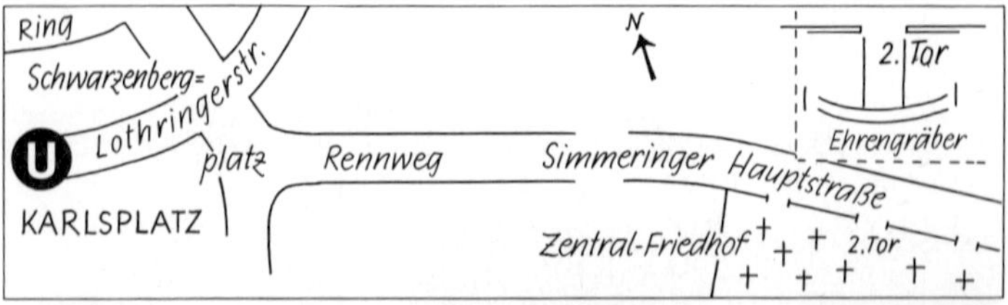

Das von Loos 1919 gestaltete Grabmal für Peter Altenberg befindet sich auf dem Wiener Zentralfriedhof, Gruppe O, Reihe 1, Grab 84. Die Inschrift lautet: „Er liebte und sah."
Das Autograph des Dichters von 1918 auf der Photographie (rechts): „Architekt Loos und Peter Altenberg! Zwei, die sich hinwegsetzen über alles, was bisher unrichtig war!"

Das Grab von Adolf Loos befindet sich auf dem Wiener Zentralfriedhof, 2. Tor, Sektor 32c der Ehrengräber. Es wurde nach seinen im letzten Lebensjahr gefertigten Skizzen von seinem Schüler und Mitarbeiter Heinrich Kulka gestaltet. Die Kosten übernahmen seine Freunde.

WO FINDE ICH . . .

BAUTEN (siehe Text):

DOKUMENTE, PLÄNE, SKIZZEN, PHOTOS:
Graphische Sammlung Albertina (Albertina), I., Augustinerstraße 1 (Innenstadt-Plan Nr. 24), Studiensaal, dort auch Loos-Archiv. Geöffnet: Mo, Di, Mi, Do 13–16 Uhr. Fr, Sa, So geschlossen.

GLÄSER:
Glasmuseum der Firma J. & L. Lobmeyr, I., Kärntner Straße 26 (Innenstadt-Plan Nr. 44). Geöffnet: Di, Mi, Fr 10–16, Do 10–18, So 10–13 Uhr. Mo und Sa geschlossen.

WOHNZIMMER (ehemals I., Bösendorferstraße 8)
Historisches Museum der Stadt Wien (Hist. Mus.), IV., Karlsplatz (Innenstadt-Plan Nr. 15). Geöffnet: Di, Mi, Fr 10–16, Do 10–19, Sa 14–18, So 9–17 Uhr. Mo geschlossen.

Literatur:
Altmann-Loos, Elsie: Adolf Loos, der Mensch. Wien 1968.
Czech, Hermann – Mistelbauer, Wolfgang: Das Loos-Haus. Wien 1977[2].
Loos, Adolf: Die Potemkinsche Stadt (und andere Aufsätze). Neudruck. Wien 1983.
Loos, Adolf: Ins Leere gesprochen. Aufsätze 1897–1900. Neudruck. Wien 1982.
Loos, Adolf: Trotzdem. Aufsätze 1900–1930. Neudruck. Wien 1982.
Rukschcio, Burkhard – Schachel, Roland: Adolf Loos, Leben und Werk. Monographie und Werkverzeichnis. Salzburg 1982.